MW00772725

EDAF
MADRID

DRA. CLAIRE WEEKES

Autoayuda para tus nervios

Una guía para todos los que sufren estrés y trastornos nerviosos

Título del original:
COMPLETE SELF-HELP FOR YOUR NERVES

First published by Angus & Robertson Publishers, an imprint of HarperCollins Publishers Pty Limited Sydney, Australia.

Primero publicado por Angus & Robertson Publishers, una marca de HarperCollins Publishers Pty Limited, Sydney, Australia.

Traducción de:
JULIA FERNÁNDEZ TREVIÑO

Dirección en Internet: http://www.arrakis.es/~edaf
Correo electrónico: edaf@arrakis.es

Depósito legal: M. 30.884-1998
ISBN: 84-414-0373-2

PRINTED IN SPAIN IMPRESO EN ESPAÑA

Gráficas COFÁS, S. A. - Pol. Ind. Prado Regordoño - Móstoles (Madrid)

Dedicado con cariño a todos aquellos
cuyo coraje me ha ayudado
a escribir este libro.

Índice

Págs.

Capítulo 1

El poder interior

—— ♦ ——

SI ESTÁ USTED LEYENDO este libro porque atraviesa una crisis nerviosa o porque sus nervios están «en mal estado», le hablaré directamente como si estuviera sentado junto a mí ya que este libro está dirigido a usted.

Demostraré clara y simplemente, pero con todos los detalles necesarios, cómo comienza y se desarrolla una crisis nerviosa y cómo se puede curar. SI PRACTICA LOS CONSEJOS QUE SE OFRECEN EN ESTE LIBRO, SE CURARÁ DE UN MODO DEFINITIVO. Se necesita ser perseverante y tener coraje. No hablo de paciencia, ya que las personas que sufren enfermedades nerviosas rara vez son pacientes, porque los nervios enfermos generalmente están excitados, y ésta es la razón por la que se sienten desconcertados y perplejos. Para estas personas resulta intolerable esperar pacientemente en una cola. De cualquier modo, existe un sustituto para la paciencia, y hablaré de ello más adelante.

Es posible que resulte imposible leer un libro, o incluso el periódico, o, en caso de conseguirlo, al concluir la lectura quizá se siente aún más agotado. Sin embargo, este libro despertará su interés, ya que habla de usted y de sus nervios, y por esta razón no le resultará difícil leerlo.

Es posible que le sorprenda que utilice la palabra «cura», puesto que implica la existencia de una enfermedad y probablemente usted se sienta más confuso que enfermo, perdido en un laberinto e intentando encontrar el camino que lo conduzca a la persona que solía ser.

Por otro lado, tal vez se sienta tan deprimido y exhausto que acepte al momento que está enfermo. Independientemente de que se considere enfermo o no, lo que usted más desea en el mundo es volver a ser quien era. Probablemente mire a otras personas en la calle y se pregunte por qué no puede ser como ellos. ¿Qué «cosa terrible» le ha sucedido? ¿Cuál es el significado de estas espantosas sensaciones?

Dichas sensaciones pueden haberse apoderado de usted desde hace largo tiempo, a lo mejor desde hace años. De hecho, quizá haya usted alcanzado un punto de desesperación en el que pueda haber considerado la idea del suicidio, o incluso haya intentado realmente suicidarse. Sin embargo, no importa cuán profunda sea la crisis nerviosa que esté atravesando, siempre es posible recuperarse y disfrutar nuevamente de la vida.

Este libro contiene la información que usted necesita. La perseverancia y el ánimo que, con la ayuda adecuada, puede encontrar dentro de usted mismo. La fuerza necesaria para la recuperación está en su interior, una vez que le hayan mostrado el camino.

Todos disponemos de un poder insospechado para realizar todo aquello que deseamos, si nos tomamos el trabajo de buscarlo. Y usted no es una excepción. Si se decide, puede encontrar ese poder a pesar de que en este momento se sienta totalmente asustado. No es una ilusión: no escribo este libro para la gente valiente, sino para usted, probablemente un ser humano sufriente y enfermo que tiene el mismo coraje y —esto es lo más importante— el mismo insospechado poder latente que el resto de nosotros. Es posible que usted sea consciente de dicho poder pero que sienta que, debido a su enfermedad nerviosa es incapaz de utilizarlo. Este libro le ayudará a encontrar ese poder, y le enseñará a liberarlo y a utilizarlo.

Capítulo 2

Agotamiento nervioso

—— ♦ ——

COMPRENDER EL AGOTAMIENTO nervioso es la clave para entender las desconcertantes experiencias que hacen que la recuperación de las enfermedades nerviosas sea tan escurridiza: se las capta en un determinado momento y al siguiente se han escabullido. La comprensión es la precursora de la cura.

Es posible identificar el agotamiento nervioso como uno, o más, de cuatro tipos de agotamiento: muscular, emotivo, mental y el agotamiento del espíritu; a menudo, evolucionan en ese orden. (En los siguientes capítulos me ocuparé de ellos en el orden mencionado.)

Esto puede parecer suficientemente obvio, pero el caso es que muy pocas personas son capaces de reconocer estos diferentes tipos de agotamiento debido a que su evolución es muy gradual y engañosa, a pesar de que sigue un patrón uniforme que es la base del sufrimiento nervioso.

En realidad, reconocer el agotamiento es fundamental para quienes sufren este tipo de enfermedades nerviosas porque puede ofrecer un gran alivio y simplificar la posterior recuperación. Pero que la recuperación sea simple no quiere decir que sea fácil.

Quizá en este momento, al leer este libro, se sienta perplejo por lo que le está sucediendo. Posiblemente la tarea de afrontar un nuevo día resulte un esfuerzo para su cuerpo exhausto, demasiado trabajo para su mente cansada, cuando sólo unos meses atrás le resultaba tan fácil hacerlo.

A lo mejor ha llegado al punto en que siente que sería mejor cerrar los ojos y ya no volver a abrirlos. Todo esto puede distanciarlo tanto de su ser anterior —puede llegar a ser casi la antítesis de lo que usted era— que su asombro puede ser extremo.

Cuando explico a algunos enfermos de esta dolencia que su padecimiento se basa en un agotamiento nervioso, en un primer momento se extrañan de que esos síntomas, tan extraños e inquietantes, y ese cansancio puedan tener una causa aparentemente tan simple. De cualquier modo, cuando se convencen, ese agotamiento nervioso es menos aterrador que la enfermedad «mental» que creían padecer. Su representación de una enfermedad mental tiene muchos espacios oscuros y misteriosos.

Es preciso explicar la diferencia entre agotamiento nervioso y enfermedad nerviosa. Una persona puede padecer uno o varios de los cuatro tipos de agotamientos mencionados —muscular, emocional, mental y «espiritual»—, y sin embargo, según mi opinión, no ser un enfermo nervioso. Sólo cuando esa persona empieza a *temer los efectos* del agotamiento y permite que dicho miedo interfiera con su vida, es cuando se podría decir que ha pasado de sufrir un agotamiento nervioso a padecer una enfermedad nerviosa.

Evidentemente existen muchos tipos de enfermedades nerviosas. A mí me preocupa especialmente la forma más simple y común: el estado de ansiedad.

La ansiedad está estrechamente relacionada con el miedo. La diferencia entre ambos es de tiempo y de intensidad. Por ejemplo, cuando nos encontramos en una situación de emergencia —como cuando nos enfrentamos con un peligro inmediato—, podemos decir que sentimos miedo, mientras que cuando nos ocupamos de un futuro amenazador deberíamos decir que estamos ansiosos.

El término «ansioso» proviene del latín *anxius,* que significa sentir inquietud por algún incierto acontecimiento futuro. De este modo, literalmente, sufrir un *estado* de ansiedad debería querer decir encontrarse en un estado de ansiedad prolongada. De cualquier modo, en la práctica, una persona que padece un estado de ansiedad se siente ansiosa y temerosa al mismo tiempo, y a menudo está particularmente atemorizada por sus síntomas nerviosos.

Y digo «particularmente atemorizada por sus síntomas nerviosos» porque existen dos tipos básicos de ansiedad. En el primero, el estrés original ha pasado y ya no es responsable de la enfermedad. El enfermo se encuentra ahora preocupado por los síntomas que dicho estrés ha dado como resultado. Siente miedo del estado en que se encuentra, atrapado en una confusión producida por el miedo de la que no es capaz de librarse. Es decir, que el estado constante de ansiedad se debe al miedo que le producen los síntomas.

En el segundo tipo, el enfermo está preocupado por uno o varios problemas que pueden haber sido la causa de su enfermedad, y no se curará hasta que dichos problemas se solucionen. Para curarse, es esencial que logre una cierta serenidad.

En mi práctica he observado que la gran mayoría de las personas sentían miedo de sus síntomas nerviosos y también de las extrañas experiencias provocadas por el estrés; en este libro me ocuparé precisamente de ellos. De todos modos, enseñar a las personas a comprender el agotamiento nervioso es una gran ayuda para resolver problemas específicos (incluso aquellos cuya enfermedad tiene un origen inconsciente), ya que les permite comprender sus síntomas y experiencias, liberando cierta perplejidad y abriendo el camino de la recuperación.

> **Hipocondría.** En mi opinión, sólo unos pocos enfermos nerviosos son realmente hipocondriacos. Se trata simplemente de personas que están cansadas de estar enfermas, y su estado de extrema sensibilidad les impide soportar el esfuerzo adicional que supone preocuparse por los síntomas físicos. No deberían avergonzarse de consultar con frecuencia a su médico de cabecera con el fin de liberarse de su preocupación. Deberían explicarle que en el estado en que se encuentran no pueden evitar preocuparse por cada nuevo síntoma; que sus nervios reaccionan de una forma exagerada y que necesitan apaciguarse con las explicaciones que esperan de él. No son verdaderos hipocondríacos.

Como ya he comentado, mientras una persona con agotamiento nervioso no esté excesivamente ansiosa o temerosa de sus síntomas, en mi opinión, no se encuentra en un estado de ansiedad, no es un enfermo nervioso.

Independientemente de que una persona sea un enfermo nervioso o simplemente sufra de agotamiento nervioso, le resultará muy beneficioso comprender los cuatro tipos de agotamiento. Incluso aquellos que nunca han padecido un agotamiento nervioso se pueden proteger de él comprendiendo la forma en que se manifiesta.

De modo que permítanme que los guíe, como ya he hecho con tanta gente, en el entendimiento del agotamiento nervioso y de la recuperación de cualquier tipo de enfermedad nerviosa.

Capítulo 3

Agotamiento muscular

EL PRIMER AGOTAMIENTO

EL AGOTAMIENTO MUSCULAR ordinario es fácil de reconocer. Puede surgir como consecuencia de un ejercicio vigoroso, y es aconsejable relajarse —especialmente con un baño caliente— y disfrutar de esos músculos doloridos que nos hacen sentir satisfechos por los resultados obtenidos. De cualquier modo, el agotamiento muscular que acompaña el agotamiento nervioso no es tan gozoso. No es el resultado de un trabajo muscular intenso, sino del abuso de los músculos: la consecuencia de haberlos sometido a una tensión demasiado severa y constante.

¿Practicar un deporte vigoroso cuando se está agotado? Nunca he conocido a nadie que, sintiéndose agotado, deseara practicar un deporte enérgico. Sin embargo, he visto personas jóvenes, que se sentían demasiado débiles como para abandonar la cama en la que estaban postrados desde hacía años, jugar al tenis sólo unas pocas semanas después de recibir el tratamiento adecuado.

Un hombre, que había permanecido en cama durante nueve años, explicó que se sentía demasiado débil como para leer mi libro; un amigo se lo leyó. Después de escucharlo, decidió intentar caminar con palos de golf a modo de muletas, y sólo seis semanas más tarde fue capaz de jugar al tenis. Su caso fue publicado en el *New York Times Magazine* en las Navidades de 1977. Es más fácil encontrar fuerzas cuando se está activo que tumbándose a esperar que lleguen.

Aliento a mis pacientes a permanecer activos, pero antes de recomendarles que practiquen un ejercicio vigoroso debo examinarlos. Sin embargo, la natación es siempre aconsejable por ser un deporte que no requiere esfuerzo, y, si se la practica en agua salada, resulta especialmente relajante para quienes desean abandonar los tranquilizantes, ya que les ayuda a relajarse por sus propios medios.

Durante la excitación que suele acompañar el síndrome de abstinencia en un proceso de desintoxicación de drogas es recomendable practicar algún tipo de ejercicio que permita liberar la tensión.

Los músculos que están en reposo se encuentran en lo que llamamos tono, un estado intermedio entre la contracción y la relajación, preparados para entrar en acción. El tono se mantiene por medio de los arcos reflejos nerviosos; por ejemplo, si se sienta usted con las piernas cruzadas y golpetea justo por debajo de la rótula, la pierna se sacudirá automáticamente. No es posible dominar este movimiento ya que responde a una acción refleja; es más, su pierna podría estar sacudiéndose todo el día sin cansarse. La acción refleja no produce cansancio. Sin embargo, *la tensión prolongada de los músculos perturba el tono* —el equilibrio entre relajación y contracción— *y también permite que se acumulen las sustancias químicas de la fatiga. Así comienza el dolor.*

Ésta es quizá la razón principal por la que la mayoría de los enfermos nerviosos se quejan de dolor en las piernas, en la espalda, en el cuello y, menos frecuentemente, en los brazos.

El dolor producido por la tensión es persistente, y si el que lo padece, por alguna circunstancia, tuviera que permanecer de pie durante unos pocos minutos, intentaría encontrar un apoyo, preferentemente un lugar donde sentarse, incluso tumbarse, con el fin de aliviar la sensación de pesadez de sus piernas o el dolor. No hay ninguna causa fisiológica que produzca el dolor de piernas: se trata de un agotamiento producido por una excesiva tensión.

La tensión también puede dar como resultado una sensación de debilidad. Doble su pierna derecha a la altura de la rodilla y ténsela. Mantenga la tensión durante treinta segundos y luego relájela. Aun después de un periodo tan breve, la sentirá temblar. De este modo tan simple se explica la debilidad de las piernas temblorosas típicas del agotamiento nervioso.

VISIÓN BORROSA

El agotamiento muscular puede afectar los delicados músculos que acomodan la lente del ojo produciendo una visión borrosa, especialmente al mirar rápidamente desde un objeto cercano a uno lejano, y viceversa. También es posible que los objetos que se encuentran a la luz del sol aparezcan como si estuvieran en la sombra. Aunque estos efectos sean inquietantes, en realidad son temporarios y no revisten importancia; sin embargo, quien no tenga conocimiento del agotamiento puede pensar que se está quedando ciego y temer que los síntomas se repitan.

JAQUECAS

La tensión en el cuello y en los músculos del cuero cabelludo pueden causar jaquecas que se extienden desde la parte superior de los ojos hacia la coronilla, la base del cráneo y el cuello. También puede haber puntos dolorosos en las sienes, en la base del cráneo y por debajo de ambos lados del trapecio, el vigoroso músculo que ayuda a sostener la cabeza y la fija en el cuerpo.

Además, se puede sentir la cabeza tan pesada, o los músculos del cuero cabelludo tan doloridos, que puede incluso resultar difícil descansar la cabeza sobre la almohada durante la noche sin la ayuda de un analgésico. Para lograr una cura permanente, es necesario liberar la tensión. De todos modos, saber que esa tensión es la causa del dolor (¡y no un tumor cerebral!) calma la ansiedad y también, como consecuencia, parte de la tensión.

Actualmente se escriben muchos artículos recomendando la práctica de ejercicios de relajación para eliminar la tensión y el estrés. Yo recomiendo dichos ejercicios, en principio dirigidos por un profesor competente, a todos los enfermos nerviosos y a quienes padecen agotamiento nervioso. Si no resultan beneficiosos, sugiero que consulten con su médico.

También podemos sentirnos demasiado ansiosos pensando en estar todo el tiempo relajados, y de este modo sólo conseguiremos aumentar la tensión. Recomiendo dedicar una hora determinada a la relajación, una o dos veces al día, y luego despreocuparse del tema. Es posible incorporar dicha rutina diaria en nuestro subconsciente.

Relajarse a través de un programa subconsciente es más ventajoso que estar tensos por estar constantemente recordando que es preciso relajarse.

La forma en que nos sentamos, estamos de pie y nos tumbamos puede ser muy reveladora. Intentar sostener la cabeza en una posición incómoda —por ejemplo, leer en la cama o en una silla con un respaldo inadecuado— produce tensión en los músculos del cuello y de la cabeza.

Prestar atención a otra tarea antes de finalizar la que tenemos entre manos es otra causa de tensión. Un torbellino puede impulsar a un cepillo de dientes a que termine su trabajo cuando quien lo usa advierte que el estante encima del lavabo está sucio. Aquí, una vez más, es posible aprovecharse del subconsciente para conseguir ayuda. Breves prácticas diarias destinadas a moverse (limpiarse los dientes) con lentitud serán suficientes para calmar ese torbellino.

En próximos capítulos me ocuparé del tratamiento de los cuatro tipos de agotamiento nervioso.

Capítulo 4

Agotamiento emocional

—— ♦ ——

EL SEGUNDO AGOTAMIENTO

SI DURANTE UNA SITUACIÓN de estrés nuestro cuerpo permaneciera siempre en calma, no sentiríamos agotamiento emocional y existirían muchos menos enfermos nerviosos. Sin embargo, nuestro cuerpo no funciona de ese modo. Cuando los nervios están sometidos a estrés —especialmente a emociones intensas como el miedo— durante un periodo de tiempo prolongado, registran las emociones con una intensidad creciente y a menudo con una rapidez inusual. Son propensos a dispararse impulsivamente y reaccionan a la más ligera provocación. A este estado lo denomino *excitabilidad nerviosa*, y es una parte muy importante del agotamiento nervioso y, consecuentemente, de las enfermedades nerviosas; es además una de las causas esenciales del estado de ansiedad.

Cuando los nervios están extremadamente sensibles, cualquier emoción —especialmente el miedo— puede golpearlos con una fuerza física. El paciente, que rara vez reconoce esto como un estado de excitabilidad nerviosa, se siente perplejo y asustado, y de este modo se precipita en un ciclo de miedo-adrenalina-miedo. Éste es el punto crucial en el que tanta gente pasa de un estado de extrema sensibilidad a la enfermedad nerviosa.

Para comprender el ciclo de miedo-adrenalina-miedo, deberíamos conocer cómo funciona nuestro sistema nervioso.

CICLO MIEDO-ADRENALINA-MIEDO

Nuestro sistema nervioso se divide en: voluntario e involuntario.

■ Nervios voluntarios

Por medio de los nervios voluntarios movemos nuestros músculos aproximadamente según deseamos. El sistema nervioso voluntario consiste en el cerebro y en la columna vertebral; de ellos parten pares de nervios que terminan en el músculo que activan. Los nervios voluntarios funcionan bajo nuestras órdenes, de allí su nombre.

■ Nervios involuntarios

Con ayuda de nuestras glándulas, los nervios involuntarios controlan el funcionamiento de nuestros órganos: corazón, pulmones, intestinos, etc., incluso el flujo de la saliva y del sudor. El sistema nervioso involuntario tiene su cuartel general en un centro cerebral conectado con una delicada red de fibras nerviosas que se encuentran a ambos lados de la columna vertebral desde las cuales parten numerosas ramificaciones hacia los órganos internos.

A diferencia de los nervios voluntarios, salvo escasas excepciones, estos nervios no responden a nuestro control directo; esto explica su nombre, involuntarios. Sin embargo, responden a nuestros estados anímicos y los registran; por ejemplo, si sentimos miedo, desaparece el color de nuestras mejillas, el corazón late aceleradamente, se eleva la presión de nuestra sangre y es posible que nuestras manos suden. No realizamos estas acciones de forma consciente —y esto es esencial para comprender las enfermedades nerviosas— y no tenemos otra forma para detener estas reacciones que cambiar nuestro estado de ánimo. Actualmente los investigadores están experimentando (por ejemplo, con relajación o medicación) el modo de controlar las reacciones involuntarias; hasta el momento sus resultados aún dependen de la modificación del estado anímico.

Los nervios involuntarios (a veces llamados autónomos) se dividen en: simpáticos y parasimpáticos. En un cuerpo sereno ambos están equilibrados. Sin embargo, en una situación de tensión (por ejemplo, cuando nos enfadamos, nos asustamos o nos excitamos) uno de ellos domina al otro. En la mayoría de las personas el simpático domina al parasimpático. Se trata de aquellos cuyo corazón palpita velozmente, y la presión de la sangre se eleva, además de otros síntomas. A esto se lo conoce como la respuesta de luchar o huir.

La acción de los nervios simpáticos fortalece las defensas de un animal frente a los diversos peligros que lo amenazan, tal como temperaturas extremas, carencia de agua, *ataques de los enemigos.* ¿Han visto alguna vez a un animal asustado paralizado por el miedo antes de huir? Sus orificios nasales y sus pupilas están dilatados y respira rápidamente. La parte simpática del sistema nervioso involuntario lo ha preparado para luchar o huir.

Los nervios simpáticos son activados por las hormonas. Una hormona, según la define el *Collins Concise English Dictionary*, es una sustancia formada en un órgano del cuerpo y transportada a otro órgano o tejido sobre el que tiene un efecto específico. En la reacción simpática frente al estrés están implicadas varias hormonas, pero en aras de la simplicidad me ocuparé únicamente de la adrenalina, la más conocida y probablemente la principal activadora de todas las hormonas liberadas por los nervios simpáticos.

Ocasionalmente, cuando estamos sometidos a una tensión, dominan los nervios parasimpáticos: el pulso disminuye, la presión de la sangre se hace más lenta. Sin embargo, lo más normal es que la reacción sea simpática, no parasimpática, y cuando hablo del ciclo miedo-adrenalina-miedo me refiero a la reacción simpática.

En este libro me referiré a los nervios simpáticos como «nervios liberadores de adrenalina», ya que no son ciertamente «simpáticos», tal como comprendemos esa palabra.

Entre sus diversos síntomas, una persona que se encuentra en un estado de excitabilidad nerviosa, y además está sometida a estrés, puede sentir que su corazón late muy de prisa o con excesiva intensidad, o quizá que los latidos son discontinuos; puede sufrir ataques de palpitaciones, sentir que su cuerpo vibra con lo que describe como un zumbido eléctrico; sentir temblores, sacudidas en los músculos, debilidad muscular, zumbidos en las extremidades, una ligera pesadez de cabeza, el estómago revuelto y otros síntomas semejantes, pero, principalmente, siente un acceso de miedo que es vivido como un ataque de pánico.

Estos síntomas pueden ser tan inquietantes y perturbadores que quien los padece puede estar más atemorizado por su presencia que por la causa del estrés original.

Es comprensible que, al añadir la tensión que le causa el miedo al estrés original, el enfermo estimule la liberación de más adrenalina (y de otras hormonas ligadas al estrés) y de este modo intensifique los síntomas que lo atemorizan, *que son los síntomas del estrés.*

Este es el ciclo miedo-adrenalina-miedo en el cual puede quedar fácilmente atrapada una persona «alterada» y de este modo propiciar el agotamiento nervioso; o incluso alguna enfermedad nerviosa.

No es difícil tener miedo del miedo cuando el ataque original es vivido como una experiencia de inusual intensidad. Naturalmente, quien lo padece retrocede ante él y mientras lo hace agrega una nueva carga de intensidad. A estas dos reacciones las denomino primero y segundo miedo. En verdad, una persona en este estado puede estar más preocupada por su sensación física de miedo (generalmente pánico) que por el peligro original que lo produjo, y por este motivo el sujeto prolonga el primer impacto de manera que los dos miedos se sienten como si fueran uno. El paciente no consigue reconocer los dos miedos por separado y, por tanto, no puede comprender que prolonga su enfermedad al añadir el segundo miedo. Con cada irrupción del segundo miedo vuelve a revivir la situación anterior. Para él no existe mayor enemigo que su falta de comprensión de este proceso.

Irrupciones de miedo. «No estoy segura de conocer el motivo de mi miedo, pero irrumpe cuando miro ciertas cosas o pienso en ellas; por ejemplo, tengo miedo de hacer daño a alguien. Algunos días la reacción surge simplemente al mirar a alguien o al tocar algo. Es una sensación tan clara que bloquea todo lo demás. Y esto realmente me asusta.»

Muchas vidas se han arruinado por la reacción aguda de un cuerpo sensibilizado frente a un pensamiento que despierta temor. Si su cuerpo no hubiera reaccionado de forma tan exagerada, esta mujer podía haber razonado: «¡Qué tontería!, es evidente que yo no le haría daño a nadie.» Y eso hubiera sido todo. Pero cuando los pensamientos están acompañados por un intenso miedo físico, el sujeto cae en un estado de desconcierto. En un momento así, es natural considerar seriamente los pensamientos y pensar que posiblemente sí se podría hacer daño a alguien e incluso, quizá, desarrollar una obsesión tal como le sucedió a esta mujer.

> Si este tipo de personas pudieran comprender que el pensamiento los asusta únicamente debido a la reacción corporal que despierta y no porque suponga una amenaza real; si pudieran entender la fuerza de su reacción como parte de un estado físico (sensibilizado), que no tiene relación alguna con la verdad; si lograran ignorar la irrupción del miedo y continuar con su tarea, ¡cuantas vidas estarían a salvo del sufrimiento!

Un enfermo nervioso puede llegar a estar tan atemorizado por sus síntomas que intentará eludir los lugares en los que éstos puedan irrumpir nuevamente. Por lo tanto, puede sentir temor de abandonar la protección de su hogar. Este estado, conocido como agorafobia, es cada vez más frecuente. Según mi opinión, se trata de una *etapa particular* de un estado de ansiedad.

Es importante comprender que una persona que padece un estado de ansiedad (se trate o no de un agorafóbico) puede sufrir una continua excitabilidad nerviosa latente, ya que una y otra vez vuelven a irrumpir la ansiedad y el miedo.

EXCITABILIDAD NERVIOSA

UNA PERSONA QUE NO TEMA LA EXCITABILIDAD NERVIOSA SE PUEDE CURAR A SÍ MISMA.

Como he mencionado anteriormente, destaco la importancia de la excitabilidad nerviosa porque es la precursora del agotamiento emocional y posiblemente también de una enfermedad nerviosa. La secuencia es:

el estrés (ya sea súbito o gradual), luego la irritabilidad nerviosa, más tarde el desconcierto y finalmente el miedo. Posteriormente puede manifestarse el agotamiento nervioso y las complicaciones que éste implica —lo que probablemente desemboque en una enfermedad nerviosa.

La excitabilidad nerviosa es la primera causa del agotamiento emocional, porque, cuando es extrema, exagera *todas* las emociones y gradualmente mina la reserva de energía emocional de quien lo padece. La exageración de las emociones produce desconcierto y es una de las principales razones por las que una persona excitable cree por momentos que está enloqueciendo. Por ejemplo, una situación ligeramente triste puede parecer trágica; una sensación de abatimiento puede trastocarse en un miedo abrumador; la impaciencia se puede sentir como una gran agitación; el ruido se puede intensificar hasta que resulte intolerable; incluso un momento de gozo se puede vivir de una forma histérica. Una persona nerviosa que experimenta las emociones con semejante intensidad sucumbe inevitablemente al agotamiento emocional y se siente «desgastada».

Una mujer aquejada de agotamiento emocional observaba a su anciana madre que con gran abatimiento atravesaba el jardín para coger el taxi que la conduciría a su apartamento y a su soledad. Normalmente, la hija debería haberse confortado con el pensamiento de que la visitaría a menudo, la llevaría de paseo y la alentaría a acudir al club de pensionistas, o quizá, a que se interesara por algún pasatiempo; pero en su estado de angustia no podía siquiera considerar ninguna de estas opciones. Para ella sólo existía una ansiedad que le partía el corazón y se preguntaba cómo lograría superarla.

Otra mujer aquejada de agotamiento nervioso, que estaba de viaje por Inglaterra, visitó unos baños romanos. Este lugar podía resultar desagradable para cualquier persona, pero para ella fue una experiencia tan pavorosa que le costó reprimir el impulso de salir corriendo de allí; estaba realmente perpleja por su exagerada reacción. Le expliqué que la exageración de sus sensaciones era producto de su excitabilidad nerviosa y que la aversión que había sentido era simplemente una versión más intensa de la normal sensación de repugnancia que cualquier otra persona hubiera sentido en esa situación.

■ Culpa

La mayoría de nosotros tenemos una culpa oculta con la que hemos aprendido a convivir sin que nos perturbe demasiado; pero no es esto lo que ocurre con una persona que padece excitabilidad nerviosa. La culpa se manifiesta con tanta intensidad que la persona siente que nunca logrará adaptarse a ella. No ve ninguna luz al final de ese túnel. E incluso, aunque gane la batalla con una culpa, su propia alteración nerviosa pronto le presentará una nueva. Basta pensar en alguna culpa, quizá olvidada desde mucho tiempo atrás, para sentir de forma inmediata su amenazante irrupción.

Algunos terapeutas afirman que un paciente que sufre de innumerables preocupaciones culposas es «esa clase de persona» que siempre busca algo para preocuparse o para sentirse culpable. Es posible que esto sea así, pero tal vez sea más acertado considerar que dicha persona se encuentre en un estado de irritabilidad nerviosa. Por desgracia, en vez de ofrecer una explicación de lo que ese estado significa, lo único que se ofrece como remedio son tranquilizantes.

Además, algunos terapeutas insisten exageradamente en la culpa simplemente porque eso es lo que hace el paciente; de este modo el paciente trae a la consulta una o dos pequeñas culpas, y cuando la abandona se lleva consigo unas cuantas más.

El impulso a confesarse culpable es muy intenso cuando existe agotamiento emocional; la urgencia por ser liberado de esa pesada carga en el pecho es muy insistente. De cualquier modo, se debería intentar abstenerse de ceder ante dicha urgencia, puesto que confesar la culpa complica en ocasiones la situación en vez de ofrecer alivio. Es esencial comprender la excitabilidad nerviosa. (En el capítulo 22 me ocuparé de cómo abordar la culpa.)

■ Un trueno en la calle

La irritabilidad nerviosa puede también exagerar los ruidos. Los vehículos pesados pueden sonar como un trueno en la calle, y una película ruidosa puede ser una verdadera tortura. Quien no comprenda que dicho ruido está temporariamente amplificado por los nervios auditivos que están sensibilizados, se sentirá confuso, y dicha confusión se intensificará a su vez por la fuerza que la impulsa a «escapar de todo aquello.»

■ Amor intensificado

Más desconcierto produce (¡como si ya no existiera suficiente!) que las experiencias placenteras se vivan de una forma exagerada; por ejemplo, la intensidad de amor que se siente por el mero hecho de ver la mano de la persona amada puede hacer que una persona en un estado de excitabilidad nerviosa sienta deseos de llorar.

■ Una situación gozosa vivida histéricamente

Como ya he mencionado, un momento gozoso se puede vivir de una forma histérica. Un hombre aquejado de una enfermedad nerviosa describía cómo, en una ocasión en que se encontraba junto a un amigo que tocaba en el piano una alegre canción, se había sentido motivado a cantarla. Al terminar, su amigo se dirigió a él diciéndole: «No me dirás que estás deprimido y enfermo. Has cantado mejor que ninguno de nosotros. ¡Pareces estar delirantemente feliz!» Esta persona me explicó: «Doctora, ellos ignoran que mientras estaba cantando me sentía más maniaco que feliz. La palabra delirante era absolutamente correcta porque así me sentía. Si sólo pudiera sentirme un poco feliz, y no como me encuentro ahora: en el cielo durante un minuto y en el infierno en el siguiente. No tienen la menor idea de cómo me siento, doctora.»

■ El sobresalto que produce el despertar

Un cuerpo alterado puede reaccionar ante el mínimo sobresalto; incluso el mero hecho de despertar puede acelerar el corazón. Esto puede estar acompañado por un fuerte presentimiento de que algo malo ha sucedido o que está a punto de suceder.

Dicha persona, que teme tan intensamente la ansiedad, puede llegar a ser tan susceptible a ella que la mera indicación de su presencia provoque un retorcijón doloroso en la «boca de su estómago», y deseará escuchar una palabra que calme ese dolor. La irritabilidad nerviosa puede fijarse en el estómago.

Para esta persona, que es tan sensible ante un pensamiento ansioso, el menor peligro que su imaginación pueda evocar resultará abrumador; por ejemplo, si durante la noche no es capaz de dormir porque se encuentra agitado, puede llegar a imaginar que nunca volverá a dormir bien otra vez, e inmediatamente recibirá una intensa respuesta corporal.

Debido a esa respuesta tan inmediata ante cualquier pensamiento ansioso, puede sentirse incapaz de tomar decisiones, muy sugestionable y perder gradualmente la confianza en sí mismo. En esta etapa se puede sentir como si su personalidad se hubiera desintegrado y como si él y el mundo fueran irreales.

Despertándose temprano: el borde filoso de la mañana. Los síntomas perturbadores que pueden aquejar a una persona nerviosa cuando se despierta se ha denominado el síndrome del sobresalto. Debido a su excitabilidad, se alarma por el hecho de despertar aunque no reconozca el impacto que le produce. Esta persona puede acostarse por la noche sintiéndose serena, sólo para despertarse la siguiente mañana con ese familiar y antiguo presentimiento. El optimismo de la noche anterior parece no tener influencia sobre el ánimo de la mañana siguiente. Ese oscuro presentimiento puede parecer tan real que el paciente espere algún hecho que lo explique. También puede suceder que, al despertarse, sus nervios estén tan «irritados» que sienta que está haciendo equilibrio en el filo de un cuchillo. Se trata de un legado de la tensión sufrida durante los últimos días. Y aun cuando el paciente esté casi recuperado, un ligero estrés puede hacer que reaparezcan el sobresalto y el presentimiento matutinos. Pero ¿por qué preocuparse?

Levantarse, ir al cuarto de baño o preparar una bebida caliente pueden ser suficientes para que se desvanezcan los temores. Esta persona debería, al menos, dejar que fluyan esos sentimientos, y no intentar en vano deshacerse de ellos; debería relajarse.

A aquellos que experimentan emociones exageradas (aunque no padezcan necesariamente agotamiento nervioso ni una enfermedad nerviosa) los describimos como personas desequilibradas, y una persona excitable realmente se siente así. Puede llegar a sentirse tan desequilibrada que comience a pensar que es enfermiza. Un hombre desesperado afirmaba: «Soy exactamente lo opuesto a lo que era, a lo que realmente soy. ¿Qué está pasando?» No lograba comprender que esta sensación de desequilibrio era temporal y que lo que sucedía era que su cuerpo expresaba de una forma exagerada las emociones ordinarias. No hay duda de que alguien golpeado por dichas emociones se muestra incrédulo cuando se le dice que su sufrimiento responde a una reacción normal exagerada por su excitabilidad nerviosa y que, cuando logre liberarse de los efectos de la tensión, la excitabilidad se curará por sí misma. Por esta razón es tan importante comprender lo que significa y el papelque desempeña en el agotamiento emocional: LA COMPRENSIÓN LIBERA POR SÍ MISMA PARTE DE LA TENSIÓN.

El agotamiento que surge después de una reacción emocional exagerada y prolongada (especialmente si aparece acompañado por angustiantes síntomas físicos de origen nervioso: palpitaciones, discontinuidad de los latidos del corazón, estómago revuelto y demás) provoca un especial desconcierto porque (1) puede parecer lo suficientemente grave como para incapacitar al individuo, no está relacionado con un esfuerzo físico, y además no desaparece guardando reposo, y (2) es muy difícil de describir y escasamente comprendido por quienes nunca lo han sentido, incluyendo a la familia y, en ocasiones, al mismo médico.

Una mujer afectada por una enfermedad nerviosa explicaba: «Siento como si mi cuerpo no fuera «nada», doctora. No tengo la fuerza para mantenerlo unido, a pesar de que mi marido insiste en ello y me pregunta cómo puedo sentirme tan cansada si no he hecho nada en todo el día.»

Somos capaces de sobrevivir largos periodos de estrés siempre que nuestras glándulas —principalmente la pituitaria y las suprarrenales— continúen liberando las hormonas esenciales. De esta forma el cuerpo se adapta al estrés. De cualquier modo, si la adaptación falla (si las glándulas cesan su actividad), pasamos a la etapa del agotamiento. Por esta razón, el agotamiento emocional —basado en la disminución de la secreción glandular— no se relaciona con el esfuerzo físico, así como tampoco puede solucionarse con el descanso, sino que desaparece al eliminar el sufrimiento emocional y, por tanto, el estrés.

La apatía y la depresión advierten de un inminente agotamiento. En primer lugar, surge la apatía. Como explicaré más adelante, incluso peinarse puede implicar un esfuerzo de tal magnitud que el enfermo se abandona.

Después de la apatía aparece la depresión, que, invariablemente, está causada por el agotamiento emocional.

Los síntomas y experiencias que acabo de describir pueden parecer alarmantes. Sin embargo, pueden dejar de serlo cuando se comprenden los patrones simples de su evolución y cuando se entiende que la recuperación reside en invertir ese patrón, tal como explicaré más adelante. No hay ningún demonio particular, ni tampoco una fuerza exterior apremiante. Sólo existe una reacción corporal natural frente al estrés, y el cuerpo reaccionará con la misma naturalidad curándose por sí mismo cuando se elimine el estrés. Y esto se consigue simplemente comprendiendo el proceso.

Capítulo 5

Agotamiento mental

——— ♦ ———

EL TERCER AGOTAMIENTO

UNA PERSONA AGOTADA y nerviosa está naturalmente preocupada por sí misma, por «cómo se siente», y por este motivo sus pensamientos ansiosos (que a veces son constantes) se interiorizan. La mayor parte de la introspección ansiosa provoca el agotamiento mental, de la misma manera que una excesiva concentración en el estudio puede dar como resultado un agotamiento cerebral. Arthur Rubinstein, en una conferencia celebrada en la Juilliard School of Music, aconsejó a sus alumnos no practicar más de tres o cuatro horas al día; el resto del tiempo era en vano, porque la mente no era capaz de absorberlo.

Cuando la mente está descansada, los pensamientos pueden pasar rápidamente de un tema a otro. En una persona que padezca un agotamiento mental grave, los pensamientos son vacilantes y, en ocasiones, tan lentos, que el mero hecho de pensar supone un esfuerzo, como si hubiera que seleccionar cada pensamiento y colocarlo individualmente en la oración. Al hablar, la persona puede mostrarse insegura e incluso llegar a tartamudear.

El enfermo puede mostrarse confuso y resultarle difícil concentrarse y recordar. El olvido de sucesos recientes puede ser tan persistente que el individuo llega a sospechar que sufre una senilidad prematura.

Hablar puede llegar a ser un esfuerzo excesivo para una persona agotada, que lo puede conducir a cruzar la calle para eludir algún vecino con el fin de no tener que conversar con él. La persona que sufre de agotamiento mental puede iniciar una oración y luego sentirse demasiado cansada para concluirla.

Antes de llegar a este estado de agotamiento mental, los fines de semana podía pasar horas sentado al sol, leyendo perezosamente el periódico, sin pensar en nada mientras el tiempo pasaba, pero actualmente no pierde el control de la hora. ¡Y cómo se prolongan los segundos!; una hora puede parecer una eternidad para quien está mentalmente agotado.

Normalmente nuestra mente descansa en los momentos en que miramos y escuchamos sin concentrarnos demasiado; los pensamientos sin importancia se deslizan ligeramente de un tema a otro y prácticamente no nos damos cuenta de su presencia: el gracioso diseño de la nueva cubierta de la tabla de planchar, el brillo de las hojas del haya. De todos modos, cuando estamos mentalmente agotados los pensamientos no fluyen, sino que parecen estancarse. Por este motivo el enfermo se queda rumiando una preocupación sin poder librarse de ella, especialmente si está asociada a algún miedo.

Cuando los pensamientos «se quedan fijos» y son acompañados por el miedo, se ha trazado el camino para el desarrollo de obsesiones y fobias. Muchas de ellas *comienzan de este modo tan simple.*

Una obsesión es un pensamiento que preocupa la mente hasta un punto anormal, y eso es exactamente lo que le sucede a una persona cuyos nervios están alterados y que termina por sucumbir al agotamiento mental cuando un pensamiento repetitivo que produce temor irrumpe con una fuerza tal que parece impulsar casi físicamente a su víctima. ¿Se comprende de qué modo nace en este punto la obsesión? Entenderlo es sumamente importante, porque mediante la comprensión la obsesión pierde su misterio, y también parte de su poder para provocar temor.

Una obsesión muy común es la duda de si se ama o no a la pareja. Una mujer que sufría una enfermedad nerviosa afirmaba que aunque sabía que amaba a su marido, el pensamiento contrario era tan recurrente y tenía tanta fuerza, que comenzaba a creer que era verdad. Evidentemente, se trataba de su propia respuesta a ese miedo, y la repetición incesante de ese pensamiento en su mente cansada estaba consiguiendo convencerla. Cuando la excitabilidad nerviosa y el agotamiento mental surgen simultáneamente, puede parecer imposible deshacerse de los pensamientos que provocan temor.

Esta mujer descubrió que su incapacidad para no tener en cuenta los pensamientos que la perturbaban, aunque en su corazón sabía que cran falsos, constituía una prueba más de que empezaba a enloquecer. ¡Cuántas, personas aquejadas de agotamiento mental y de enfermedades nerviosas, habrán pensado algo similar! Obviamente, cuanto más asustada estaba, más nerviosa se encontraba y más poderosos y persistentes eran sus pensamientos.

Ella admitía que el pensamiento de no amar a su marido era más convincente y más tenaz cuando estaba cansada. También afirmaba que en determinados momentos podía ver que el pensamiento no era más que una tontería de su mente cansada, y entonces la idea le parecía tan absurda que podía reírse de ella. A estos momentos los denomino irrupciones de pensamiento o de visión normal. En un capítulo posterior me ocuparé de la cura de las obsesiones.

Una fobia es un miedo persistente e irracional que puede desarrollarse de una forma muy simple en una persona cuyos nervios están alterados. Mientras que el agotamiento mental propicia su desarrollo, la excitabilidad nerviosa puede provocarla por sí misma. Una persona nerviosa, que está esperando en una cola, en vez de sentir una exasperación normal puede llegar a sentir pánico, y a partir de ese momento evitará permanecer en ninguna cola, desarrollando una fobia a las colas. De este modo tan simple surgen las fobias. Resulta fácil de comprender, ¿verdad?

CABEZA «ATURDIDA»

Una persona que sufre de agotamiento mental puede expresar que su mente está envuelta en algodones, que la siente pesada y torpe. Esto se puede agravar si aparece acompañado por una visión borrosa y quizá por una ligera tendencia a tambalearse (que se presenta junto al agotamiento muscular). Algunos creen que un buen golpe en la cabeza la despejaría.

En un estado de agotamiento mental un ataque de este tipo puede durar algunas horas o días. Una mujer lo describía de la siguiente manera: «Mi cabeza parece un muro contra el que chocan los pensamientos. Me resulta muy difícil concentrarme. Yo solía tener la cabeza muy despejada; pero ahora sólo puedo pensar con claridad en algunos momentos.»

«He vivido una situación que me ha despertado una profunda culpa, y me preocupa de tal modo que no puedo apartarla de mi mente. Mi psiquiatra afirmó que me estaba castigando y me recetó una medicación, que me ayudó al principio, pero luego la preocupación volvió a aparecer. Cuando tengo la cabeza despejada puedo hablar, incluso reírme, y de pronto, cuando recuerdo la culpa, siento ganas de llorar y mi cabeza se torna confusa una vez más.»

En lugar de reconocer que el aturdimiento se debía a una combinación de agotamiento cerebral y de tensión, esta mujer se alarmaba, y de este modo añadía más tensión, más cavilaciones, más agotamiento cerebral.

Quien padece este síntoma se encuentra prisionero del agotamiento mental y, debido a la lentitud de sus pensamientos y a la confusión, puede estar preso de una apremiante consciencia de sí mismo, en especial de sus acciones, de sus pensamientos. Este pensamiento interiorizado, tal como lo denomino, puede persistir aun cuando el resto de los síntomas de la enfermedad nerviosa hayan desaparecido; cn realidad, en ocasiones es el último síntoma con que el sujeto debe enfrentarse.

Raramente se lo reconoce como ese viejo fantasma —el agotamiento mental—, aún activo, que constriñe su mente obligándola a seguir las huellas que ha estado acompañado en los últimos meses o quizá años.

La exasperación por la posibilidad de ser atrapado en esta trampa produce más pensamientos interiorizados, más estrés y más tensión —un ciclo que atemoriza—, y cuanto más intenta el enfermo escapar de ello, más comprometido está con lo que siente.

Este ciclo de agotamiento y excitabilidad nerviosa responde a leyes naturales y simples que pueden ser invertidas. Como explicaré más tarde, es posible curar el pensamiento interiorizado.

Saliendo de la ciénaga. Muchas personas que intentan recuperarse de una enfermedad nerviosa sienten que deben luchar para salir de las profundidades, tal y como si tuvieran que salir de una ciénaga para alcanzar el mismo nivel donde fluye la vida. Por ejemplo, si se enteran de que un amigo se va de vacaciones, piensan que él está «en el mismo nivel» que el sitio a donde se dirige, ¡sólo tiene que hacer el equipaje y marcharse! Mientras que, para el enfermo, salir de vacaciones es casi lo mismo que ir hacia algún lugar del cielo: muy lejos de su alcance.

No puede comprender que se siente de este modo porque, para afrontar un viaje, debe «salir de sí mismo», «salir de las profundidades» y de ese mundo gris de introspección. Y es realmente un mundo gris, ya que, aunque brille el sol, su mente está aturdida por esa agotadora e interminable introspección ansiosa, y los músculos de sus ojos tensos por la ansiedad.

Para estar al mismo nivel cotidiano que el resto de las personas (sin pensar en unas vacaciones) se requiere una energía que él piensa que nunca tendrá. ¡La ciénaga es tan profunda y pegajosa!

El tiempo y la aceptación hacen que lo imposible se torne posible de una forma gradual. Entonces la ciénaga se convierte en un terreno seco.

INTOLERANCIA A LA CLARIDAD

Una persona mentalmente agotada, especialmente cuando se ha acostumbrado a habitar en la oscuridad y a permanecer protegida en casa, puede experimentar una intolerancia a la claridad que se manifiesta de forma brusca al abrir la puerta de su casa y recibir la luz natural. Más adelante describiré el caso de un hombre aquejado de agotamiento mental que debe atravesar un largo y oscuro túnel antes de salir a una playa llena de bañistas y de sombrillas. La repentina claridad lo perturba hasta el punto de sentirse un ser irreal, un sonámbulo. Esta fuerte impresión interrumpe sus pensamientos y le permite tomar conciencia del mundo gris en el que ha estado viviendo —un mundo de constante introspección ansiosa—, y al hacerlo se libera del persistente agotamiento mental.

Dicha experiencia lo ayuda a recuperarse. Por primera vez comprende el significado del agotamiento mental, y advierte cuánto lo han absorbido sus pensamientos ansiosos. Ahora es capaz de ver que era más grave el estado de agotamiento en que se encontraba que su propio problema. Esto aparece como una revelación puesto que durante los últimos meses ha estado ocupándose desesperadamente de estos problemas creyendo que no tenían solución. La comprensión lo ayudó a liberarse.

Capítulo 6

Agotamiento del espíritu

—— ♦ ——

EL CUARTO AGOTAMIENTO

FINALMENTE, existe el agotamiento del espíritu. Cuando una persona sufre de agotamiento nervioso se siente tan vacía que cualquier acción, incluso un pensamiento, supone un esfuerzo y comienza a preguntarse si vale la pena luchar. Hay quienes afirman que se sienten como si hubieran envejecido precipitadamente, que no tienen la fuerza para enfrentar un nuevo día, y menos aún semanas o meses. El deseo de sobrevivir se tambalea, especialmente si el enfermo ha intentado recuperarse luchando por encontrar un camino para liberarse del agotamiento. La mejor forma de aumentar el agotamiento es luchar contra él, como explicaré en posteriores capítulos.

En primer lugar, el agotamiento del espíritu debe encontrar esperanza y coraje. Una pequeña luz es suficiente para empezar, ya que incluso eso es a veces demasiado para que un espíritu exhausto pueda revivir. De todos modos, la recuperación se puede realizar con bases tan poco sólidas que, al menor indicio de desaliento, parece derrumbarse.

Sin embargo, si existe una comprensión y un plan para recuperarse, en lugar de una tierra de nadie, la esperanza y el coraje renacen otra vez con la misma fuerza con que surgen los brotes verdes de los árboles calcinados de un bosque arrasado por el fuego.

He visto mucha gente dando sus primeros pasos aún temblorosos hacia la recuperación asirse desesperadamente a una débil esperanza, sostenidos por un entendimiento que he tenido el privilegio de transmitirles.

Aunque esos primeros pasos puedan parecer inestables, contienen la misma fuerza indomable que nos ha acompañado a través de los millones de años de nuestra evolución.

Todos disponemos de dicha fuerza, está dentro de nosotros, y es capaz de producir milagros si confiamos en que nos ayuda a aprender a vivir con el miedo, para que finalmente logremos vivir sin miedo.

¿Envejecimiento o enfermedad nerviosa?

«¿Cómo puede uno adaptarse al proceso de envejecimiento y al mismo tiempo a los resabios de una enfermedad nerviosa? Mi enfermedad parece haber sido sustituida por las sensaciones de una edad avanzada. No estoy haciendo ningún progreso real porque no me puedo adaptar ni al trabajo ni al placer, ni siquiera a un viaje en coche para disfrutar de unas vacaciones. ¡Y he vivido durante 15 años con una enfermedad nerviosa! Esta sensación de supremo esfuerzo me retrotrae a los días en que estaba empezando a enfermar. ¿Quizá por esta razón siento que la causa no se debe a una enfermedad, sino a que me estoy haciendo viejo?

> «Solía encargarme de la tareas de la casa y de cuidar el jardín, incluso aunque me encontrara mal, pero ya no tengo la fuerza para hacerlo. Si me obligo, inmediatamente me encuentro cansado y me duele el cuerpo y no me parece que valga la pena. Estoy seguro que esto se relaciona con los años que he sufrido aquella enfermedad nerviosa, cuando la vida parecía un infierno. Creo que ahora que me estoy haciendo mayor estoy sintiendo sus efectos.»

Su cansancio se debe más probablemente a un legado de la enfermedad que a la edad, aunque usted no nos diga cuantos años tiene; sólo menciona que se está haciendo mayor. Naturalmente, la resistencia y la energía disminuyen con la edad y con ellas desaparecen la motivación y a menudo el interés. Generalmente el cambio es gradual, aunque sospecho que la vejez se siente repentinamente.

Una enfermedad nerviosa prolongada provoca el agotamiento del espíritu y, en mi opinión, quizá sea su principal problema. Cuando usted luchaba para recuperarse de su enfermedad, no sólo era más joven, sino que también tenía una meta y esperanza: dos motivaciones esenciales. Actualmente, además de estar cansado de luchar, también ha perdido la confianza porque sabe que está envejeciendo y por ello piensa que es inevitable sentirse cansado.

Si tiene el coraje de reemplazar la desesperación por esperanza y voluntad, gradualmente sentirá que retorna la fuerza perdida. La serenidad mental es un remedio maravilloso del que usted aparentemente carece en este momento.

La pregunta que usted formula me la han hecho en muchas ocasiones. He descubierto que si se deja de pensar cuánto de ese agotamiento es el resultado de una enfermedad nerviosa y cuánto corresponde al proceso del envejecimiento, y en su lugar se limita uno a realizar las acciones que permite la energía actual sin insistir en la duda y el desconcierto, nos sorprenderemos al descubrir todo lo que podemos realizar gradualmente. Nuestro cuerpo tiene enormes poderes de recuperación si eliminamos la tensión, incluso a los 80. Lo he comprobado personalmente.

Otro factor de importancia es que muchos enfermos nerviosos no tienen una vida activa durante su enfermedad, y la falta de ejercicio hace que los músculos se debiliten y las piernas se cansen con facilidad, y resulta muy tentador sentarse o tumbarse, en vez de andar.

Incluso el recuerdo del cansancio puede generar agotamiento, como si fuera necesario enfrentarse con «todo aquello» nuevamente.

Mi consejo es: no busquen; tomen cada día tal como viene, haciendo lo que se debe hacer sin demasiadas preguntas. Y no protesten demasiado, pues consume fuerzas.

Asegúrense de alimentarse correctamente y no utilicen tranquilizantes de forma habitual ni una dosis alta de somníferos por la noche. Cuando nos hacemos mayores tenemos una menor tolerancia a los medicamentos; pequeñas dosis pueden producir grandes efectos. Además, si no comen demasiado, sugiero una dosis moderada de vitaminas.

E insisto una vez más con la aceptación; pero con un corazón abierto.

Capítulo 7

Agotamiento nervioso y enfermedad nerviosa

PARA UNA PERSONA que sufre de agotamiento nervioso puede resultar difícil apreciar la diferencia entre su agotamiento y una enfermedad nerviosa. Hay quienes —especialmente ejecutivos que luchan por mantener un trabajo importante y estresante, y cualquiera que intente realizar un trabajo que supere su capacidad— sospechan que, si bien aún no son enfermos nerviosos, al menos están amenazados por la enfermedad. De este modo luchan contra dos cosas, contra su propio agotamiento y contra el miedo de que dicho agotamiento se transforme en una enfermedad nerviosa. Esta lucha es especialmente intensa porque en un estado de agotamiento el miedo a la enfermedad nerviosa abre el camino hacia ella.

Comprender los propios síntomas y experiencias logra al menos menguar el desconcierto. Mediante la comprensión disminuye la posibilidad de que el enfermo comience a temer por «el estado en que se encuentra», y, a pesar de tener que afrontar su agotamiento, lo mantiene a salvo de una enfermedad nerviosa real.

Sin embargo, si a través de la ignorancia el miedo asume el control, la persona en cuestión a menudo se hunde en la desesperación tratando a ciegas de encontrar algún tipo de ayuda. En este momento es esencial encontrar la persona adecuada. Muchos años de experiencia ayudando a cientos de personas aquejadas de agotamiento nervioso e incluso de enfermedades nerviosas prueban que la ayuda que ofrezco puede proporcionar paz.

Es un poco confuso hablar de agotamiento nervioso y de enfermedad nerviosa y al mismo tiempo intentar diferenciarlos. De modo que de aquí en adelante me dirigiré a los enfermos nerviosos, aunque debo destacar que muchos de los consejos que ofrezco se aplican de igual modo a quienes sufren de agotamiento nervioso.

Capítulo 8

¿Qué es una enfermedad nerviosa?

EXISTEN DIFERENTES GRADOS de sufrimiento «nervioso». Un gran número de personas tienen «los nervios alterados» y muchas de ellas incluso sufren de angustia, sin embargo continúan trabajando y no se puede decir que sufran crisis nerviosas. En realidad, mientras que prontamente admitirían estar «alteradas», dichas personas rechazarían terminantemente cualquier alusión a una crisis nerviosa. Aunque realmente una crisis nerviosa no es más que una intensificación de sus síntomas. Este libro trata principalmente del desarrollo y tratamiento de los colapsos nerviosos, pero en él encontraremos todos los síntomas de los que se quejan las personas cuyos «nervios están alterados», que se reconocerán una y otra vez en los pacientes que se describen en los próximos capítulos. Los síntomas son los mismos y lo que varía es su intensidad.

¿Dónde terminan los «nervios alterados» y dónde comienza el colapso nervioso? Cuando hablamos de colapso nervioso indicamos un estado en el que los síntomas «nerviosos» de una persona son tan intensos que interfieren su trabajo cotidiano. Generalmente se pregunta a los médicos si la gente realmente se «quiebra», y en ese caso, ¿de qué forma? También se nos pregunta cómo comienza y evoluciona una crisis nerviosa.

EL PUNTO DE RUPTURA

Mucha gente queda atrapada en una crisis nerviosa. Un estado repentino o prolongado de estrés puede estimular los nervios liberadores de adrenalina para que produzcan los síntomas del estrés de una forma exagerada y alarmante. Este estado de sensibilización es bien conocido por los médicos pero casi desconocido por la mayoría de la gente, de modo que cuando se experimenta por primera vez puede ser desconcertante y quien lo padece puede llegar a sentir miedo. Si se me pide que caracterice el momento inicial de un colapso nervioso, diría que es el momento en el que las personas con excitabilidad nerviosa comienzan a experimentar miedo ante las sensaciones producidas por un intenso estrés, introduciéndose en un ciclo de miedo-adrenalina-miedo. Como respuesta a este miedo se libera más adrenalina y el cuerpo que ya está sensibilizado, es estimulado a producir sensaciones cada vez más intensas, que inspiran más temor. Este es el ciclo miedo-adrenalina-miedo.

DOS TIPOS DE CRISIS NERVIOSA

La mayoría de las crisis nerviosas se pueden clasificar en dos tipos principales. Una de ellas se manifiesta directamente, y la persona que la sufre está principalmente preocupada por las angustiosas sensaciones producidas por la excitabilidad de sus nervios. En tales casos, los nervios pueden sensibilizarse repentinamente por el estrés derivado de alguna situación que haya impresionado al sujeto, tal como una operación quirúrgica agotadora, una hemorragia grave, un accidente, un confinamiento prolongado; o la sensibilización puede aparecer de forma gradual como consecuencia de una enfermedad que haya debilitado al sujeto, una anemia o una dieta demasiado estricta. Esta persona es a menudo feliz con su vida doméstica y en su trabajo; en realidad, puede que no tenga más problemas que la incapacidad, derivada del colapso nervioso, para asumir responsabilidades normales.

El segundo tipo de crisis nerviosa surge a partir de algún problema agobiante, un conflicto, una aflicción, un sentimiento de culpa o una desgracia. El estrés que produce una instrospección prolongada y temerosa estimula gradualmente a los nervios para que reaccionen con una intensidad creciente a la introspección ansiosa. El desconcierto y el miedo de los extraños sentimientos que produce esta situación, incluso de los extraños pensamientos que puedan surgir, se convierte en una parte tan esencial del sufrimiento como el problema original, ya se trate de un conflicto, una aflicción, un sentimiento de culpa o una desgracia. De hecho, es posible que finalmente se convierta en la principal preocupación.

Capítulo 9

Las formas más simples de las enfermedades nerviosas

◆

LAS PERSONAS AFECTADAS por el primer tipo de crisis nerviosas (neurosis de ansiedad) se quejan de alguno o varios de los siguientes síntomas: insomnio, depresión, agotamiento, estómago revuelto, indigestión, palpitaciones, latidos fuertes o discontinuos del corazón, un dolor agudo debajo del corazón, una sensación dolorosa en la zona del corazón, manos sudorosas, «alfileres y agujas» en manos y pies, una sensación de asfixia en la garganta, incapacidad para respirar profundamente, una sensación de agobio en el pecho, «hormigas o gusanos» debajo de la piel, dolor de cabeza, vértigo y extrañas sensaciones ópticas tal como el movimiento aparente de objetos inanimados. A este cuadro se suman las náuseas, los vómitos y diarreas ocasionales, además del frecuente deseo de orinar.

A continuación ofrecemos una típica lista de síntomas que los pacientes traen a la consulta. Una joven madre me trajo la siguiente lista que he copiado exactamente como ella la escribió:

- Paralizada.
- Jaquecas.

- Cansada y hastiada.
- Palpitaciones.
- Molesta.
- Nerviosa.
- Dolor agudo bajo el corazón.
- Sin ningún tipo de interés.
- Inquieta.
- Mi corazón late con mucha fuerza.
- Siento como un pesado trozo de masa en el estómago.
- Sacudidas del corazón.

Quienes padecen estos síntomas se inquietan por nimiedades. Están convencidos de que les pasa algo grave y no pueden creer que otras personas puedan sufrir experiencias semejantes. Muchos llegan a pensar que tienen un tumor cerebral (al menos algo «alojado profundamente») o que están en el límite de la locura. El único deseo que tienen es llegar a ser, lo más rápidamente posible, la persona que eran antes de que les sucediera «algo tan horrible». A menudo no son conscientes de que sus síntomas tienen un origen nervioso y se precipitan en un patrón conocido que comparten con todos los que padecen síntomas parecidos, *el modelo del miedo y la tensión continuos.*

Describiré detalladamente cómo evoluciona una crisis nerviosa antes de ocuparme de la cura, ya que los principales factores que prolongan la enfermedad son el desconcierto que produce lo que está sucediendo y el miedo a lo que pueda ocurrir.

EL INICIO: PALPITACIONES

Muchas personas sanas se precipitan hacia este tipo de crisis nerviosas debido al miedo producido por alguna sensación corporal súbita y alarmante, aunque inofensiva, como, por ejemplo, un primer ataque inesperado de palpitaciones. Incluso un corazón sano puede palpitar cuando la persona en cuestión está anémica, agotada o sometida a una fuerte tensión. Dicho ataque puede despertar temor a un temperamento neurótico, especialmente si ocurre durante la noche y no existe nadie a quien acudir en busca de ayuda. El corazón palpita a gran velocidad y el enfermo cree que va a explotar. Normalmente permanece tumbado, con miedo de moverse por la posibilidad de sufrir más daños. Es entonces cuando surge el miedo. Es completamente natural alarmarse por reacciones corporales inesperadas, particularmente en la zona del corazón.

Como ya he descrito, en el ciclo «miedo-adrenalina-miedo», el miedo causa una producción adicional de adrenalina, de modo que un corazón que sufre palpitaciones se excitará aún más, latirá con mayor rapidez y el ataque se prolongará. El enfermo puede sentir pánico creyendo que va a morir. Las manos sudan, la cara arde, en los dedos se siente «agujas y alfileres» mientras el enfermo espera que ocurra algo que desconoce.

El ataque finalmente concluye —en todos los casos— y todo parece volver a la normalidad durante un tiempo. De cualquier modo, después de esta experiencia angustiante, el individuo teme que se repita, permaneciendo tenso y ansioso durante días y controlando su pulso de vez en cuando. Si las palpitaciones no se reiteran, logra calmarse, se ocupa de su trabajo y olvida el incidente. Si sufre un segundo ataque, comienza a estar realmente preocupado. Aparentemente ese desgraciado incidente ha vuelto para quedarse.

Ahora no sólo teme las palpitaciones, sino que también sufre un estado de tensión preguntándose con qué otra alarmante experiencia lo sorprenderá su cuerpo. La tensión entonces libera más adrenalina, el enfermo siente el estómago revuelto, sus manos sudan y su corazón late constantemente a gran velocidad. Cada vez siente más miedo y se libera más adrenalina. En otras palabras, está preso del ciclo miedo-adrenalina-miedo.

TENSIÓN PRODUCIDA POR EL MIEDO

En esta etapa el sujeto consulta a un médico, que generalmente logra serenarlo. Sin embargo, es posible que no logre calmarse lo suficiente, e incluso puede tener la poca fortuna de que se le indique guardar cama y que se le aconseje que «sea cuidadoso» y que no «trabaje demasiado». Ante este consejo la mayoría de las personas, particularmente si son jóvenes y no están aún protegidas por la filosofía de la madurez, permanecen en cama obsesionadas por su corazón «enfermo», temerosos de moverse para no esforzarlo aún más. Antes, ya se encontraban en un estado de tensión nerviosa preocupados por sus palpitaciones. ¿Pueden imaginar la tensión que experimentan ahora? ¿Quizá hayan ustedes vivido alguna experiencia similar?

Por otro lado, si el médico resta importancia a las palpitaciones con la intención de calmar al paciente, éste puede permanecer en cama por su propia voluntad convencido de que el médico no le ha dicho la verdad. Si permanece tenso y asustado, con toda seguridad sufrirá más ataques, y cuanto más frecuentes sean, más inquieto se sentirá. Cuanto más tiempo dedique al reposo, más preocupado estará por sus síntomas y experimentará mayor aprehensión y tensión. Su dedo buscará continuamente el pulso, y, como respuesta a esta ansiedad, el corazón latirá más rápidamente de lo normal, aunque no llegue a las palpitaciones. El enfermo cree que el corazón late más rápido de lo real porque está exageradamente atento a cada uno de los latidos. Siente como si el corazón golpeara con violencia y se acelerara. Un hombre acomodó sus almohadas junto a sus orejas para dejar de escuchar los latidos acelerados de su corazón.

A estas alturas el enfermo se compadece de sí mismo, pierde el apetito, adelgaza y teme quedarse solo; al mismo tiempo teme estar con gente por la posibilidad de hacer el ridículo si sufre un nuevo ataque. No pasará mucho tiempo antes de que comience a sentir los síntomas de una crisis nerviosa —el estómago revuelto, las manos sudorosas, dolores alrededor del corazón, aceleración del corazón, jaquecas, ataques de vértigo—; en otras palabras, el ciclo completo de miedo-adrenalina-miedo.

Si el miedo a las palpitaciones no ha sumido a esta persona en algún tipo de crisis nerviosa, al menos sufrirá otras sensaciones corporales inquietantes. Quizá haya sentido dolor en la región del corazón que, debido a su inquietud e ignorancia, haya interpretado como una angina de pecho. Probablemente sufra de problemas estomacales o cardiacos que lo alarman debido a una vida estresada en la que impera la ansiedad y el esfuerzo. Cualquiera sea la causa, la respuesta a esta aprehensión continua es la sensibilización de los nervios liberadores de adrenalina y la aparición de las incómodas sensaciones antes mencionadas. El sujeto intentará luchar o huir, pero pronto se precipitará en el mismo ciclo de miedo-adrenalina-miedo en el que ha caído la persona atemorizada por sus palpitaciones.

Como ya hemos mencionado, dichas personas experimentan estas sensaciones de un modo más o menos constantes. Pueden existir momentos de respiro; por ejemplo, sentirse extrañamente serenos al despertar o permanecer en calma durante una hora o más antes de que aparezcan los primeros síntomas estomacales. Otros se sienten tranquilos por la noche, pero hay quienes no conocen la paz.

PÁNICO

Algunas personas, además de sufrir diariamente estas angustiantes sensaciones, padecen ocasionalmente ataques de pánico. Hay quienes los experimentan cada pocos minutos, y es posible que se prolonguen durante horas. No resulta difícil imaginar cuán incómoda es esta situación cuando quien la padece está trabajando e intentando simular un estado de normalidad mientras soporta el temor por la posibilidad de que los accesos de pánico irrumpan en los momentos menos adecuados. Desgraciadamente, es justamente cuando suelen aparecer, produciendo mayor miedo y aprehensión.

Es posible que los ataques recurrentes de palpitaciones hayan remitido y el enfermo esté más preocupado por otras manifestaciones del miedo, aunque lo más común es que las palpitaciones continúen y agraven la pesadumbre que siente el sujeto.

Éste no es un caso improbable. Lo he observado con tanta frecuencia que merece mi respetuosa atención. Cuando el tratamiento es inadecuado, este estado puede durar varios años, con la consecuencia de que el paciente cambie constantemente de médico.

A las personas sanas esta historia puede parecerles infantil y estúpida. Es posible que piensen: «¿Por qué no se dedica a trabajar y olvida todas esas tonterías?» Eso es exactamente lo que desearía hacer el enfermo. Lo que no advertimos es que, en este punto, el miedo que siente es mayor que el que pueda conocer e incluso imaginar una persona sana. Los accesos repetitivos de pánico acompañados por un estado de agotamiento, no sólo son cada vez más intensos, sino que cada vez necesitan menos estímulos para dispararse. El miedo de sufrirlos puede poner un marcha una serie de ataques. Conocer a alguien, una sensación de abandono, incluso una puerta que se cierre con violencia, pueden ser suficientes. Y además, a pesar del deseo de esforzarse por volver al trabajo, los frecuentes accesos de miedo intenso lo paralizan.

Algunos años atrás, mientras me recuperaba de una operación, me encontraba en casa de unos amigos y planeábamos dar un paseo. Ellos le pidieron a un amigo que nos acompañara. Me aseguraron que sería un paseo corto (pero al ver sus largas piernas, pensé que sería demasiado para mí). Para mi sorpresa, este hombre de gran tamaño pronto se quedó atrás y nos veíamos obligados a esperarlo con frecuencia. A la hora del almuerzo se tumbó exhausto sobre la hierba. Más tarde me contó su historia. Durante años, desde que era un estudiante, había sufrido de ataques recurrentes de pánico, y su vida se había convertido en una pesadilla. No tenía miedo de nada en particular, sólo de sí mismo, y este miedo era tan intenso y agotador que incluso ese breve paseo había superado sus fuerzas.

Este hombre llegó a curarse y fue capaz de guiar una expedición científica. Lo menciono porque no se trataba de una persona débil, sino de un inteligente científico que ocupaba una posición destacada. Después de sufrir durante diez años, fue finalmente capaz de curarse con la ayuda adecuada.

LUCHAR

La persona que sufre una crisis nerviosa no es un cobarde ni un tonto, por el contrario, generalmente se trata de una persona valiente que lucha contra la crisis con el máximo de su capacidad y con una valentía loable aunque a menudo mal dirigida. Puede luchar en el momento de despertarse, mientras sus manos sudan y sus músculos están tensos, intentando ignorar su estado de desesperación concentrándose en otras cosas. O puede intentar controlar su mente, buscando con ansiedad la forma de salir de esa miserable prisión, sólo para encontrarse con puertas cerradas.

Por las noches, el sujeto se acuesta agotado para caer en un sueño agitado, en un sueño pesado debido al agotamiento nervioso, en el sueño de los barbitúricos o, lo que es aún peor, quizá ni siquiera consigue dormir a pesar de tomar una elevada dosis de somníferos.

En ocasiones, durante el atardecer puede sentirse casi normal, pensar que por fin ha conseguido ganar la batalla e irse a dormir pensando: «Todo ha terminado; mañana volveré a ser yo mismo.» Sin embargo, al despertar a la mañana siguiente, volverá a sufrir los ataques de pánico y esa incómoda sensación en el estómago con mayor crudeza. El sujeto no consigue comprender por qué después de haberse sentido tan bien la noche anterior, se despierta encontrándose aún peor que antes. Se siente cada vez más desesperanzado y está convencido de que existe un atajo hacia la recuperación que se le resiste, o que no existe, ni existirá, un retorno a la paz.

Añora la persona que solía ser, aquella que era capaz de sentarse serenamente para disfrutar de un libro o para ver la televisión, y cuenta las semanas, meses o años que lo separan de aquella persona. Luchar contra todo aquello parece ser la única forma de volver a ser el mismo. Luchar es su defensa natural, la única arma que conoce; de modo que cada día lucha con mayor fuerza. Pero cuanto más lucha, peor se encuentra. Naturalmente, ya que la lucha aumenta la tensión, ésta estimula los nervios que producen la adrenalina y los síntomas continúan. Y para colmo, sus amigos no vacilan en aconsejarle que luche contra lo que le sucede.

Incluso su médico puede sugerirle: «Tiene que luchar para que este estado no se apodere de lo mejor de usted mismo.»

El enfermo no es capaz de entender lo que le ha sucedido. Parece una persona poseída. No puede discernir que no existe ningún demonio sentado en su hombro y que su propio miedo, su lucha y su intento de escapar del miedo, son los responsables de su estado.

En esta etapa puede padecer fuertes jaquecas formando una banda de hierro alrededor de su cabeza o un enorme peso presionando sobre la coronilla. Puede sentir vértigo, náuseas, tener dificultad para expandir su pecho con el fin de respirar profundamente, sentir un peso o un dolor agudo sobre el corazón, que puede describir como una daga. Puede sufrir extrañas «alteraciones recurrentes», tal como un ritmo anormalmente lento o débil del corazón, cierta discontinuidad de los latidos del corazón o temblores. Pierde interés por todo lo que lo rodea, y la tensión lo convierte en alguien que se inquieta rápidamente por fruslerías.

SEDACIÓN

En esta etapa los médicos generalmente recetan sedantes, y es indudable que el paciente los necesita. Sin embargo, por la desconfianza que una persona profana en la materia siente hacia los tranquilizantes, la familia urgirá al paciente a que se deshaga de ella argumentando: «Sólo te ayuda a deprimirte más» o «Ese médico te convertirá en un adicto». El sujeto se siente aún más confundido porque interiormente teme que le suceda eso. El problema con que se enfrenta un médico es convencer al paciente —y, lo que es más importante, a su familia— de que el sedante es una medida temporal necesaria y que no se convertirá en un adicto, ya que estará sometido a un riguroso control. Por lo general, una vez curados, la última cosa que estas personas quieren ver es una de esas detestables cápsulas.

La vida puede colocar muchos obstáculos inesperados en el camino de la recuperación. Según las palabras de una mujer: «Nunca podrías creer la gran cantidad de palos que se arrojan entre las ruedas.»

Por ejemplo, es posible que, justamente en el momento en que el médico está ganando la batalla sobre la necesidad de tomar sedantes, alguien elija precisamente ese momento para tomar una sobredosis de barbitúricos y los periódicos se ocupen de proclamar los peligros de tomar tales drogas. El paciente, que posiblemente no haya leído un periódico durante semanas, de alguna forma se entera de dicho artículo y la batalla del médico tiene que comenzar otra vez.

Además, independientemente de cuán sedado esté el paciente, el miedo generalmente encuentra como colarse. La sedación sólo aligera los contratiempos, aunque esto es de enorme importancia para la recuperación, tal como veremos más adelante.

COLAPSO

Finalmente llega el día en el que, al ceder a un ataque de miedo, el paciente abandona lo que cree son sus últimas fuerzas, y se derrumba mientras su alarmada familia no encuentra la forma de ayudarlo. Las palabras murmuradas en la sala de espera: «Doctor, ha sufrido un colapso», cierran un capítulo para el paciente y actúan como cadenas que lo sujetan a la cama. Si no era capaz de encontrar la salida en actividad, ¿cómo logrará hacerlo ahora? La lucha puede parecer agotadora, el viaje demasiado largo, de modo que probablemente permanecerá en cama durante semanas, e incluso meses, o puede que lo ingresen en un hospital para un tratamiento de choque.

EL PATRÓN CONSTANTE DEL MIEDO

Sin duda habrán podido reconocer algo de ustedes mismos en estas personas y puede ser una revelación encontrar o comprender que la base de esos misteriosos síntomas es, como en el caso de estos pacientes, el miedo.

Independientemente de que la crisis nerviosa sea grave o ligera, su causa básica es el miedo. Un conflicto, la aflicción, la culpa o una desgracia pueden producir una crisis nerviosa, pero únicamente después de que el miedo haya dominado la situación. Incluso una gran pena por la pérdida de una persona amada se mezcla con el miedo de enfrentar el futuro a solas. Los problemas sexuales tienden a ser causa de crisis nerviosa cuando se combinan con el miedo o la culpa. La culpa abre el camino hacia el miedo. La ansiedad, las preocupaciones o el temor son meras variantes del miedo.

Se podría argumentar que también el esfuerzo, a diferencia del miedo, puede causar una crisis nerviosa en determinadas situaciones. Por ejemplo, una mujer de mediana edad que cuide de un pariente anciano y enfermo realiza un esfuerzo prolongado. Sin embargo, mientras viva día a día, no mire hacia delante y no exagere la importancia de que está encadenada a sus obligaciones, puede sobrellevar ese esfuerzo durante meses e incluso años. Es probable que se doblegue y necesite ayuda de vez en cuando, pero no se derrumbará.

Cierta vez comenté la capacidad de una mujer para sostener una situación similar durante mucho tiempo, y su hermano me respondió: «Es un gran esfuerzo para Nadia, pero jamás se detiene a pensar en sí misma.» Esa era la clave de su resistencia. Si hubiera escuchado a los amigos que la compadecían, hubiera empezado a sentir pena de sí misma y a temer el futuro; hubiera sembrado las semillas de una crisis nerviosa.

El esfuerzo puede causar graves jaquecas (Nadia sufría de migrañas) y agotamiento físico, pero a menos que se combine con el miedo no llegará a causar la incapacidad que se conoce como crisis nerviosa. Cuando el trabajo amenaza superar nuestra fuerza física y nuestras responsabilidades nos obligan a mantenernos activos, generalmente irrumpe el miedo y la crisis que aparece posteriormente no está motivada por el agotamiento, como muchas personas creen, sino por los miedos que despierta.

TENER MIEDO DE ADMITIR EL MIEDO

A veces es difícil admitir incluso ante uno mismo que se siente miedo. Una mujer insistía en que su nerviosismo no se debía al miedo, sino a las «sacudidas de su estómago». De modo que yo evitaba la palabra «miedo» cuando hablaba con ella e intentaba convencerla de que sus problemas de estómago se debían a la tensión. Experimentaba esas «sacudidas» en el estómago desde hacía seis meses; comía y dormía poco, y su apariencia reflejaba lo que sentía, y cuando finalmente aceptó que los síntomas estomacales dependían de la excreción de adrenalina producida por la tensión, fue capaz de relajarse y los síntomas desaparecieron en un mes. Sin embargo, continuó insistiendo en que nunca había sentido miedo.

¿Es posible explicar la desaparición de sus síntomas de otro modo que por haberles perdido el miedo? Al pedirle una explicación, me respondió: «Sentía aversión por los síntomas, y luego la aversión desapareció.» ¡Le disgustaban tanto que les permitió dominar su vida durante seis meses! ¿La diferencia entre esa fuerte aversión y el miedo es sólo de grado? Al menos debemos admitir que una tal aversión ante sensaciones físicas está tan próxima al miedo que puede provocar las mismas reacciones nerviosas.

Usted puede camuflar su miedo como intensa aversión si eso lo tranquiliza. Esto no tiene mayor importancia en tanto comprenda que las reacciones físicas ante el miedo o una aversión intensa son tan similares que la diferencia es insignificante.

Esa persistente voz interior. Existe una persistente voz interior que desafía a la persona nerviosa a pensar lo peor; una pequeña voz que dice: «¡Otros pueden hacerlo, otros pueden recuperarse, pero tú no!» La mente de un enfermo nervioso puede jugarle una mala pasada porque es fácilmente impresionable. No es capaz de comprender que es natural que una voz interior se queje de ese modo al estar el sujeto tan sensibilizado.

La recuperación responde a menudo a patrones similares, y uno de ellos es el desarrollo frecuente de una negativa voz interior. Los pensamientos que presentan obstáculos son normales y muy humanos en estas circunstancias. La voz se hace oír de cualquier modo, por eso es preciso dejarla decir lo que desea, dejarla traer todo el miedo pero *observándola;* si se tiene el coraje de observarla sin que resulte abrumadora, pronto será posible mantenerse a salvo de sus murmuraciones.

EL PATRON ÚNICO

La crisis nerviosa descrita en este capítulo no estaba acentuada por ningún problema particular. Su causa no era más que el miedo ante las sensaciones corporales que el mismo miedo había despertado, y como tal, es la forma más común y directa de crisis nerviosa que se conoce. Si usted sufre este tipo de crisis, acortará el camino hacia la curación cuando acepte que sus diversos síntomas forman parte de un patrón único que se deriva de una sola causa, el miedo. Dichos síntomas no son exclusivos, sino que resultan muy conocidos para muchas personas. Con todo, independientemente de lo angustiantes que sean, le aseguro que cualquier sensación inquietante puede desaparecer y usted puede recuperar nuevamente la tranquilidad mental y corporal.

Capítulo 10

Cómo curar las formas más simples de las enfermedades nerviosas

Si usted padece este tipo de crisis nerviosa, advertirá que sufre de ciertos síntomas que son constantes en su vida, mientras que otros son transitorios. Por ejemplo, el estómago revuelto, las manos sudorosas y un corazón que late rápidamente forman parte de los síntomas constantes, mientras que los espasmos de miedo, las palpitaciones, ciertas formas de arritmias cardiacas, los dolores alrededor del corazón, los temblores, el vértigo, la respiración dificultosa y los vómitos aparecen intermitentemente en forma de ataques. Los síntomas constantes se deben a un miedo sostenido, de allí su cronicidad, mientras que los diferentes ataques recurrentes son el resultado de las variaciones de intensidad de ese miedo y por eso aparecen periódicamente.

El tratamiento de todos los síntomas se basa en unas reglas simples. Al conocerlas puede usted pensar: «Esto es demasiado simple para mí. Yo necesito algo más enérgico para curarme.» A pesar de esto, usted necesita que le indiquen cómo aplicar este simple tratamiento, y a menudo deberá volver a leer las instrucciones.

El principio del tratamiento se puede resumir como sigue:

- Afrontar.
- Aceptar.
- Flotar.
- Dejar que el tiempo pase.

No existe nada misterioso ni sorprendente en este tratamiento, y sin embargo es esclarecedor observar cómo aquellos que hacen exactamente lo contrario se hunden cada vez más en su crisis nerviosa.

Consideremos brevemente, una vez más, las personas descritas en el último capítulo atemorizadas por las sensaciones físicas producidas por el miedo, y veamos si logramos identificar el tratamiento que han seguido.

En primer lugar, el hombre que se alarmaba por sus síntomas, examinándolos uno por uno en tanto se manifestaban, y «escuchándolos» con aprehensión, intentaba liberarse de sus sensaciones esforzándose por apartarlas de su mente, buscando cualquier ocupación que le permitiera olvidarse de dichas sensaciones; en otras palabras, luchaba o huía.

También se encontraba desconcertado porque no lograba encontrar una forma de curarse. Estaba excesivamente preocupado porque el tiempo pasaba y no obtenía ningún resultado, como si se tratara de un espíritu que debía exorcizar si él, o su médico, daban con la clave. *Estaba impaciente.*

En resumen, ocupaba su tiempo de la siguiente forma:

- Huyendo en vez de afrontar.
- Luchando sin aceptar.
- Deteniéndose y «escuchando» en vez de flotar.
- Impacientándose sin poder dejar que el tiempo pasara.

Ahora vamos a explicar de qué forma usted puede curarse solo *afrontando, aceptando, flotando* y *dejando que pase el tiempo.*

Capítulo 11

Afrontar

—— ♦ ——

AFRONTAR SIGNIFICA RECONOCER que la cura debe partir de usted mismo —obviamente, con una ayuda y una guía exterior—, pero fundamentalmente con su propio esfuerzo, es decir, afrontando todo aquello que le produce miedo. EL CAMINO HACIA LA RECUPERACIÓN ESTÁ EN LOS LUGARES Y EXPERIENCIAS QUE DESPIERTAN TEMOR.

Afrontar significa también no huir de los síntomas nerviosos *por miedo a que se agudicen*. Es preciso afrontar en vez de huir.

Tuve ocasión de observar un sorprendente ejemplo en un canadiense que sufría ataques de pánico cuando estaba fuera de casa y como consecuencia sentía miedo de desplazarse, ya fuera solo o acompañado.

Su terapeuta lo alentaba a que saliera lo más lejos posible sin que el pánico lo paralizara, en cuyo caso debería retornar e intentarlo nuevamente más tarde, llegando solamente hasta donde se sintiera seguro. El objetivo del terapeuta era que el paciente se acostumbrara a ese itinerario en particular para que finalmente pudiera recorrerlo sin sufrir ataques de pánico.

El hombre se sintió tan bien que decidió pasar unas vacaciones en EE.UU. Disfrutó de dos semanas en Las Vegas y volvió a casa triunfante.

Al día siguiente bajó al banco; el mismo banco en el que había estado tantas veces cuando estaba enfermo. Se colocó en la cola, y mientras entregaba su talonario al mismo cajero de siempre —el que usaba gafas con una montura muy gruesa—, su memoria reaccionó repentinamente y sufrió un ataque de pánico. *Y esta vez el golpe fue demoledor*, porque con el retorno del pánico llegó la desesperación. Lo había hecho tan bien hasta ese momento, y ahora que todo lo que debía hacer era permanecer en la cola de su propio banco, aparecía nuevamente el pánico. Sin duda alguna se desesperó y pensó: «¿qué puedo hacer *ahora*?» Estaba desolado.

Había encontrado la paz sólo por haberse habituado a ella. Nunca se había enfrentado con el pánico, nunca había aprendido realmente a manejarlo. Le habían enseñado a eludirlo, a intentar aquietarlo, pero nunca a superarlo y lograr que *ya no lo asustara.*

Algunas personas creen que evitar el problema es la solución, pero *son vulnerables al retorno del pánico.* Con la irrupción de un ligero acceso de pánico todo se derrumba.

Insisto una vez más que, en lugar de una voz interior que diga esperanzadoramente: «Quizá no suceda aquí», debe existir una voz de apoyo que exclame: «No importa *si sucede aquí* porque eres capaz de superarlo.» La primera voz es la espada de Damocles que está a la espera.

Yo nunca enseño la técnica de «acostumbrarse» a aquellas personas que temen alejarse de su casa (denominadas agorafóbicas, como ya hemos mencionado); esa técnica es bastante utilizada para tratar personas con fobias específicas, tal como el miedo a los gatos, a las tormentas eléctricas, a las alturas y demás. Los conductistas utilizan un programa de exposición gradual al objeto temido, que no sólo alivia los síntomas, sino que a menudo cura este tipo de fobias.

También es posible acostumbrarse a tal punto a algunos síntomas nerviosos que terminan por no causar preocupación alguna, y, al desaparecer el estrés que produce la ansiedad, los síntomas se calman e incluso llegan a desaparecer.

Asimismo, mencioné que afrontar significa que la cura debe partir del interior del sujeto y no gracias a la ayuda permanente de una muleta exterior. Esto significa reconocer que el camino hacia la recuperación no es sencillo. Cierto periodista escribió en una revista que había sido agorafóbica durante años pero que actualmente podía desplazarse a cualquier lugar siempre que tomara un medicamento especial tres veces al día. «Ahora», escribió, «sólo debo liberarme de las píldoras para estar completamente curada». ¡Sólo tenía que dejar de tomar tranquilizantes! En otras palabras, únicamente tenía que tirar sus muletas y ponerse a andar.

Lograr esa meta dependerá de la suerte que tenga la primera vez que intente salir de su casa sin haber tomado su medicina. Si tiene fe y la mantiene, todo funcionará bien, pero a la menor brizna de duda su intento fracasará. Esto se aplica al retorno de todos los síntomas de las enfermedades nerviosas, cuando el objetivo del tratamiento ha sido aquietarlos. De este modo sólo se pospone el momento de afrontar los síntomas para curarse. La técnica de «calmar» los síntomas debería aplicarse con discreción. Más adelante me extenderé sobre este tema.

La cura permanente de una enfermedad nerviosa debida al miedo a los síntomas y a las propias experiencias —como en general sucede en todos los casos— comienza por afrontar el miedo, muy especialmente en el pico de su intensidad; ÉSE ES EL CAMINO CORRECTO.

Afrontar el miedo ciegamente es signo de valentía, pero a menudo es inútil y agotador. Para recuperarse, el paciente debe aprender a afrontar el miedo *aceptando, flotando y dejando que el tiempo pase.*

Capítulo 12

Aceptar

UNA VEZ QUE YA SE HA CONSEGUIDO afrontar el problema, el paso siguiente es la aceptación, y, por ser la clave de la recuperación, deberíamos estar seguros de lo que quiere decir. La aceptación significa dejar que el cuerpo se afloje lo máximo posible para luego enfrentarse a los síntomas y experiencias temidos en vez de rehuirlos. Significa «dejarse ir» o «ir con», meciéndose como el sauce con el viento.

Cuando se le hace frente a esta forma al pánico (o a alguno de los síntomas temidos), se reduce la secreción de las hormonas (principalmente la adrenalina) producida por los síntomas. Aunque sólo sea ligeramente, *se reduce.* Por otro lado, una tensa retirada de los síntomas estimula una mayor secreción, por lo tanto una mayor sensibilización y la ulterior aparición de síntomas aún más intensos.

Al principio puede parecer imposible llegar a aceptar los síntomas físicos, especialmente el pánico, pero lo que sí es factible es pensar en la aceptación, y este mero gesto puede liberar algo de tensión (aunque quizá, para empezar, sólo se trate de una cantidad microscópica), de modo que cuando el ataque arrecie, será moderado. Si el enfermo lo espera con tensión y con los dientes apretados pensando: «¡Venga, haz lo que tengas que hacer pero hazlo rápido!», simplemente lo estará tolerando.

Un paciente puede quejarse de que ha aceptado los síntomas temidos y, sin embargo, no han desaparecido. «He aceptado sentir mi estómago revuelto pero la sensación persiste, ¿qué debo hacer ahora?» ¿Cómo puede decir que lo ha aceptado cuando aún se queja de su síntoma?

El síntoma que más miedo produce es el pánico porque, para una persona excitable, el mero hecho de pensar en él puede hacer que sufra un ataque muy intenso y repentino. La reacción natural es retirarse; sin embargo, la tensión excita más al sujeto y, por lo tanto, aumenta el pánico. La aceptación es un proceso psicológico preciso que finalmente apacigua los síntomas. Y si digo finalmente es porque la sensación sedante rara vez se siente de forma inmediata. La aceptación es el inicio. Un estado de excitabilidad nerviosa establecido no se calma rápidamente; lleva tiempo llegar a sentir paz interior.

Aunque los síntomas de una enfermedad nerviosa son siempre la expresión de la disposición de ánimo, no siempre manifiestan el talante actual. Cuando se practica por primera vez la aceptación, el cuerpo puede seguir registrando la tensión o el ánimo asustadizo de las semanas, meses o años precedentes, y puede continuar haciéndolo (aunque con una menor intensidad) aun después de que se haya establecido la aceptación.

Por esta razón las enfermedades nerviosas pueden ser tan difíciles de comprender. Un enfermo nervioso puede comenzar a aceptar, pero al ver que los síntomas no desaparecen rápidamente, se desalienta y se torna nuevamente aprehensivo, aunque intente convencerse de que está en el camino de la aceptación.

Insisto, se necesita tiempo para que se establezca la aceptación y para que ésta nos ofrezca la paz deseada, del mismo modo que se necesita tiempo para que el miedo se establezca como una tensión y ansiedad continuas. Por este motivo el último de mis cuatro conceptos, dejar que el tiempo pase, es fundamental para el tratamiento.

La comprensión facilita la aceptación. A una persona que cree que su corazón está enfermo le resulta difícil aceptar los latidos erráticos de su corazón, hasta que comprende que esa discontinuidad es únicamente una perturbación temporal y que no es más que un síntoma sin importancia producido por su sistema nervioso.

Una explicación adecuada es una bendición para un paciente que se está preparando para aceptar. Sin embargo, no siempre se le ofrece una explicación. Una mujer expresaba: «No puedo describir cómo me siento. Simplemente me siento extraña. Los médicos se limitan a examinarme sin ofrecerme ninguna explicación.» El «sentirse extraño», puede ser una descripción exacta de lo que experimenta a veces un enfermo nervioso y de lo difícil que puede resultarle describir sus «extraños» síntomas; los síntomas del agotamiento y la ansiedad operando juntos pueden ser vagos e indefinidos, y este tipo de síntomas pueden ser más angustiantes que los más definidos.

Si su médico al examinarlo le ha comunicado que sus «extraños» síntomas son nerviosos, acéptelo y siéntase aliviado porque esas extrañas sensaciones son muy comunes en las enfermedades nerviosas y no revisten importancia. La aceptación ciega puede curar igual que una aceptación basada en el conocimiento; pero cuando el conocimiento guía, resulta más sencillo aceptar.

Algunos médicos, aun sabiendo que los «extraños» síntomas son «nerviosos», no logran comprender su fisiología y, por lo tanto, no pueden explicarlos. Se debería aceptar esas «extrañas» sensaciones nerviosas sin una explicación detallada (si no existe ninguna), aunque se debería buscar una aclaración para los síntomas más definidos (debilidad, temblores, jaquecas, palpitaciones, dificultad para tragar y demás). Más adelante los explicaré en detalle.

No utilizo la palabra aceptación con ligereza. Sé lo que estoy pidiendo. No es fácil aceptar el fuego que nos consume; ni tampoco trabajar con ese fuego ardiendo. No es fácil aceptar y trabajar mientras se sienten vibraciones o sacudidas corporales, el estómago revuelto, dolor en las extremidades, el corazón latiendo con fuerza, la visión borrosa o la cabeza en las nubes... Lo estoy describiendo de una manera terrible, ¿verdad? Puede ser aún peor si simultáneamente la mente siente que pende de un hilo que se romperá ante la más ligera tensión. Comprendo esta situación y, sin embargo, sigo pidiendo aceptación.

Cierto día una mujer me llamó por teléfono para comunicarme que aquella mañana había sido especialmente difícil. Había podido soportarla pensando que en un par de horas estaría hablando conmigo y que yo la confortaría. Ese pensamiento la sostuvo pero no era bueno para ella porque significaba que no estaba progresando mucho. No hay paz duradera cuando se espera que otra persona haga lo que uno tiene que hacer por sí mismo. Eso implica un mero respiro ante el sufrimiento.

Le expliqué que debía buscar la paz dentro de ella, y que esto dependía de su actitud cuando los síntomas se manifestaban con intensidad; en ese momento debía practicar la aceptación que la ayudaría a encontrar la paz duradera.

Meditó un momento mis palabras y luego dijo: «Usted quiere decir que debo encontrar el ojo del huracán.» Había entendido el mensaje. Los navegantes dicen que en el centro de un huracán existe un lugar de paz que llaman «el ojo». La tormenta gira a su alrededor pero no puede alcanzarlo. Para llegar a él el barco debe atravesar la tempestad.

Si esa mujer aceptara los síntomas (el huracán) y no agregara un segundo miedo, encontraría por sí misma el ojo de la tormenta y, aunque los síntomas parecieran más intensos que nunca, se sentiría segura y conquistaría cierta paz al saberse en el camino correcto, sin tener que esperar las tranquilizadoras palabras de su médico.

La paz mental construida en la propia confianza no reside en la ausencia de síntomas sino en mantenerse entero en medio de ellos. Y es entonces cuando se descubre que la intensidad de los síntomas cede y aparece la paz. Obviamente, el proceso es gradual. Al día siguiente la mujer me informó que mientras se sentía «aterrorizada», se había sentado a trabajar (era una artista) y había pintado durante dos horas. Por primera vez en muchos meses había sido capaz de perderse en el trabajo mientras el huracán arreciaba. Por fin, había logrado no darle demasiada importancia.

Se precisa coraje para afrontar la tormenta y dejar que suceda lo que tiene que pasar. Esta mujer había estado acobardada durante 20 años y aún estaba enferma. Ya era hora de que intentara otra cosa; que decidiera atravesar la tormenta aceptándola voluntariamente-con la misma voluntad —con la que podía manejarse antes de la enfermedad.

Muchas personas se benefician al comprender que la irrupción del pánico no es más que una descarga eléctrica; y aunque sientan que puede ser devastadora, sólo se trata de una descarga eléctrica que recorre los nervios sensoriales. MUCHAS PERSONAS PERMITEN QUE UNA DESCARGA ELÉCTRICA ARRUINE SUS VIDAS POR MIEDO.

Como ya he explicado frecuentemente, una retirada temerosa estimula la producción de hormonas que producen el pánico. Al afrontar un ataque de pánico con aceptación, se produce una relajación que ayuda a disminuir la producción de hormonas y finalmente a detenerla.

Una persona desconcertada y excitada, que siente que el pánico es cada vez más intenso y que su irritabilidad va en aumento, se puede imaginar que está vapuleada por una marejada de pánico. Si analiza el punto máximo de este ataque —que considera demasiado intenso como para poder soportarlo—, encontrará que, en ese momento, *estaba intentando desesperadamente librarse de él.*

LA ÚNICA FORMA DE CONTROLAR EL TEMOR AL PÁNICO ES IR DIRECTAMENTE HACIA ÉL EN VEZ DE HUIR.

Una persona convencida de esta afirmación descubrirá con sorpresa algún día que ante una irrupción de pánico se siente SEPARADO DE ÉL, como si lo estuviera mirando desde arriba. HA PERDIDO SU MIEDO AL PÁNICO. Hablamos de elevarse por encima de una situación; no existe mejor ejemplo.

Cuando ya no existe el miedo al pánico, éste desaparece gradualmente. El tiempo se convierte en el mejor sanador. Destaco, una y otra vez, que la cura reside en perder el miedo y que esto se consigue aprendiendo a encontrar el camino correcto —con aceptación. Si se comprende esto, es posible curarse inmediatamente. He podido comprobarlo —aunque, por supuesto, en raras ocasiones.

Los ataques de pánico repetitivos pueden resultar agotadores. En estos casos recomiendo sedantes, para conseguir que el paciente descanse, y ayudarlo a recuperar sus fuerzas y refrescar su espíritu.

Los sedantes se deben administrar de una forma planificada para que el enfermo pueda seguir esa voz interior que le ofrece apoyo y que surgió como consecuencia de haber logrado afrontar y aceptar su problema.

Si me extiendo con el tema del pánico es porque lo utilizo como un ejemplo de una jerarquía de síntomas nerviosos: palpitaciones, estómago revuelto, manos temblorosas y demás. Cuando el paciente aprende a aceptarlos sin añadir un segundo miedo, los síntomas remiten de una forma gradual. No puede ser de otra manera ya que son síntomas producidos por el miedo.

Ustedes pueden preguntarse: «¿Y si el enfermo nervioso tiene que soportar una situación constante de estrés, o está quizá asustado por algún problema, posiblemente una situación familiar conflictiva que le resulta difícil modificar? ¿De qué modo puede ayudarle el hecho de aceptar los síntomas nerviosos? No es capaz de resolver su problema.»

Es verdad. Sin embargo, quienes desarrollan síntomas nerviosos debido al estrés causado por un problema, también pueden terminar angustiándose por los mismos síntomas; las intensas jaquecas, un agotamiento extremo, un corazón que late rápidamente, manos sudorosas, entre otros. Con toda seguridad, comprender la naturaleza de esos síntomas reduce el miedo que despiertan y permite concentrarse en la solución de ese problema.

Si usted está leyendo este libro porque sufre una enfermedad nerviosa, le pediría que practicara la aceptación en este momento. Póngase cómodo, inspire profundamente, exhale el aire lentamente, deje que sus músculos entumecidos se ablanden e intente sentir el deseo de aceptar. Intente sentirlo en la boca del estómago. Practíquelo ahora.

¿Ha sentido un fugaz deseo de aceptación? En ese caso ha dado usted el primer paso hacia la recuperación. Una aceptación continua concluirá gradualmente la tarea.

Es necesario entender la diferencia entre la verdadera aceptación y el mero hecho de soportar una situación. Soportar (aunque requiere mucho coraje) significa resistir e implica avanzar y retroceder al mismo tiempo. Como ya he dicho anteriormente, es una actitud de «Vamos, date prisa y termina de una vez». La verdadera aceptación quiere decir afrontar y relajarse, prepararse para acompañar el proceso con la menor agitación posible. Significa sumisión.

En mis escritos y en las cintas que he grabado menciono una y otra vez la aceptación. Se podría pensar que le doy demasiada importancia. ¿Cómo no hacerlo si la aceptación es la clave de la recuperación?

A menudo he comentado que al otro lado del pánico encontramos la paz: ahora lo digo a viva voz. Atravesando el pánico se escucha esa pequeña voz que dice: «Ya no me importa si el pánico retorna», y ésta es la única voz que hay que escuchar. Siempre acudirá en su ayuda en los momentos de retroceso. Incluso cuando se sienta más abandonado. Cuando esta voz le ayude a afirmarse, volverá a sentir que ese temido fantasma ya no lo asusta. Entonces retorna el coraje y usted se sentirá más seguro para practicar la aceptación —incluso estará deseoso de hacerlo.

La aceptación significa arrojar el arma y dejar que el tigre se acerque si así lo desea. Suena horrible, ¿verdad? Parece increíble que la cura resida en un procedimiento tan peligroso; pero así es.

Afrontar y aceptar están estrechamente relacionados, de la misma manera que lo están la acción de aceptar y de flotar. En verdad están tan próximas que algunas veces es realmente difícil distinguirlas.

A continuación vamos a ocuparnos de lo que significa flotar.

Capítulo 13

Flotar

—— ♦ ——

EN EL PASADO, los tratamientos psiquiátricos ortodoxos rara vez reconocían la importancia del miedo-del-miedo y a menudo insistían en investigar las causas ocurridas durante la niñez, que no eran ni necesarias ni útiles.

Cierta mujer escribió: «Ningún psiquiatra ni psicólogo de todos los que he consultado daban importancia a la validez del «miedo-del-miedo» y yo soy una prueba viviente de ello. Ellos eran fríos como una piedra, y con una piedra es difícil razonar.

De este modo, desalentados, confusos, y quizá apáticos debido a una fuerte dosis de medicación, los enfermos nerviosos abandonan a menudo el tratamiento y, desesperanzados, se hunden más en su enfermedad. Algunos intentar curarse por sí mismos.

Desgraciadamente, dicho intento con frecuencia fracasa porque el instinto se encarga de conducir al paciente en una dirección equivocada. El enfermo intenta *luchar* contra su enfermedad. DEBERÍA FLOTAR EN VEZ DE LUCHAR.

Muchas personas me preguntan: «¿qué quiere usted decir exactamente con flotar, doctora?» Puedo explicarlo más fácilmente ofreciendo un ejemplo. Un enfermo nervioso puede sentirse tan excitado por el miedo que resulte paralizado y no sea capaz de dar ni un solo paso hacia delante mientras camina por la calle, entra a una tienda o simplemente se traslada de una habitación a otra dentro de su propia casa. Raramente reconoce esta «parálisis» como un exceso de tensión. En realidad, *su instinto lo lleva a una mayor tensión e intenta forzarlo a que siga avanzando.*

El esfuerzo genera una mayor tensión y, por lo tanto, más rigidez. En este estado de desesperación puede añadir pánico al pánico y, al hacerlo, parecería que sus pensamientos retroceden (realmente puede parecer que se deslizan hacia la parte posterior de su cabeza) y se «congelan» hasta que resulta imposible pensar. Su «cerebro se obnubila».

Quienes sufren de agorafobia conocen y temen este momento de rígida «parálisis» cuando intentan alejarse de su casa, y el miedo que despierta esta situación ha mantenido a miles de ellos confinados en sus casas durante años.

Si el enfermo que se «paraliza», en vez de forzarse a la acción, deja que su cuerpo se afloje (y realmente llega a sentir que se está ablandando), luego inspira profundamente y exhala con lentitud el aire mientras se imagina *flotando* sin resistencia —como si estuviera flotando en el agua o en una nube—, llegará a liberar suficiente tensión como para que sus músculos se aflojen y será capaz de avanzar, aunque quizá en principio de una forma torpe y temblorosa.

Una breve descripción de la agorafobia.

La agorafobia no es más que un aspecto de un

estado ordinario de ansiedad. Una persona que sufra un acceso de ansiedad puede experimentar una aceleración del corazón, tener las manos sudorosas, o sentirse débil, experimentar vértigo y sufrir ataques de pánico que se intensifican si se encuentra atrapado en un lugar abierto, sintiendo que no puede escapar y puede terminar por hacer el ridículo delante de otras personas. Como consecuencia, puede llegar a evitar salir de su casa y reunirse con otras personas, especialmente en una situación de confinamiento (una sala pública, una iglesia, etc.).

En mi opinión, éste es el fundamento de la mayoría de las agorafobias y es la secuencia natural de un estado de ansiedad. Y del mismo modo que es posible sufrir un ataque grave o ligero de ansiedad, también es posible padecer una agorafobia leve o grave. Por ejemplo, algunos días un enfermo puede sentirse capacitado para salir solo, incluso le será posible entrar en el supermercado, pero otro día puede ser incapaz de enfrentarse con la puerta de entrada. Éste es un ejemplo de una agorafobia ligera. Un agorafóbico grave nunca puede salir solo e incluso puede negarse a salir acompañado.

Son diferentes grados de la fase agorafóbica de un estado de ansiedad.

Otro ejemplo de cómo flotar: un enfermo nervioso puede despertar por la mañana tan agotado que se sentirá abatido ante el mero hecho de pensar el esfuerzo que le supondrá levantarse de la cama, vestirse, comer; es decir, realizar cualquier mínima acción.

Puede intentar dominarse, pero, al no lograrlo, volverá a la cama completamente derrumbado. Una mujer expresaba que se sentía igual que una hormiga mirando el Everest.

En vez de pensar solamente en el enorme esfuerzo que tiene por delante, debería considerarlo de esta forma: «Muy bien, haré el esfuerzo *lo más suavemente que pueda.* Me "dejaré ir".» Intentaré no acumular tensión; me someteré y dejaré que las cosas sucedan por sí solas. No me empeñaré en luchar sino que dejaré que mi cuerpo flote por encima de la situación.»

¿Puede usted, en este ejemplo, apreciar la diferencia que hay entre luchar y flotar? Flotar significa no tomar una determinación inflexible, no apretar los dientes, esforzarse lo menos posible.

Usted puede pensar: «Flotar quiere decir simplemente relajarse.» En efecto significa relajarse, pero es algo más: es relajarse *con acción.* Primero hay que afrontar, luego relajarse y por fin, flotar.

Flotar no significa tumbarse y mirar el cielo raso mientras se piensa, «No debo hacer ningún esfuerzo, dejaré de luchar. Permaneceré tumbado en la cama eternamente sin hacer nada.» Eso es relajarse sin acción. Incluso el pensar *temporalmente* «No haré nada» puede tener un efecto ventajoso, pero sólo provisionalmente.

El enfermo que deja que su cuerpo flote por encima de su agotamiento no necesita buscar el camino de la recuperación. Es como si se mantuviera de pie junto a su cuerpo y lo dejara encontrar solo la salida de ese laberinto. El cuerpo es capaz de curar una herida física sin nuestra intervención, y del mismo modo puede curar unos nervios sensibilizados si se le ofrece una oportunidad y no está obstaculizado por unos dedos inquisitivos hurgando la cicatriz. Es preciso flotar y no hurgar.

En las enfermedades nerviosas se repiten con frecuencia las mismas dificultades, y el reiterado esfuerzo de luchar en la misma batalla puede desesperanzar al enfermo y hacerlo desistir de encontrar una salida. CUANDO LUCHAR ES AGOTADOR, FLOTAR —EVITANDO LA TENSIÓN QUE PRODUCE EL ESFUERZO —POSIBILITA QUE EL REITERADO ESFUERZO RESULTE MENOS AMENAZANTE.

Si mientras se aprende a flotar resulta inútil todo intento de relajar las tensiones que sufre el cuerpo, siempre es posible *imaginar* que el cuerpo se relaja. Este mero pensamiento produce sus efectos.

Como acabo de mencionar, aquellos que sufren un estado de ansiedad se pueden agrupar de la siguiente forma: los que tienen algún problema o problemas que son causa de la enfermedad, y aquellos cuyo único problema es encontrar un modo de recuperarse del estado nervioso y angustiante que padecen.

No es probable que los que tienen un problema específico logren flotar por encima de él. Esperar que una persona desconcertada y confusa encuentre su propia respuesta a un problema que la aqueja no suele ser una buena terapia. Puede implicar un innecesario periodo prolongado de sufrimiento porque, con demasiada frecuencia, debido a su excitabilidad y a su agotamiento, el paciente cambia fácil y rápidamente de un punto de vista a otro. Sostener un punto de vista que ofrezca algo de serenidad es esencial para la recuperación. Un buen terapeuta ayuda a sus pacientes a encontrar dicho punto de vista.

Es extraño conocer a un enfermo nervioso que sea capaz de flotar por encima de un problema angustioso y no ocuparse más de él. Generalmente aconsejo: «Intenten que todos los pensamientos negativos o angustiosos floten alejándose de sus cabezas», pero, por supuesto, el éxito depende de cuán penoso sea el pensamiento. Al ofrecer este consejo me refería a flotar con el fin de eliminar las propias ideas destructivas; no quería decir que los enfermos nerviosos deberían intentar flotar para superar sus problemas reales.

He aquí la experiencia de un paciente que nos relata su forma de afrontar, aceptar y flotar: «Creo que debo escribir y contarle cuanto he progresado este año. Durante 20 años, desde mi primer ataque, he sido un agorafóbico. Durante todo este tiempo, ante la visión o la mera mención de la palabra "autobús", mi estómago se revolvía y la idea de montar en uno resultaba impracticable.

»Como ya sabe, el año pasado solicité su cinta, *Salir de vacaciones* (que está gastada de tanto escucharla). Como resultado de escucharla constantemente, decidí realizar un pequeño crucero con mi familia. Este año reservé un crucero mucho más largo (que duró un mes) a las islas Canarias. Los primeros cuatro días no fueron muy buenos porque el mar estaba agitado y el viento soplaba con fuerza. De cualquier modo, me había decidido a hacer todo aquello que no había podido realizar durante años. Fui seis veces *solo* hasta el restaurante. Una vez en Tenerife fui capaz de subir a las montañas hasta una altura aproximada de 1.500 metros, con caídas abruptas a cada lado. Fui desde el barco hasta la costa en una lancha.

»Pero una noche todo se fue al garete; entré en el comedor y experimenté una sensación terrible de timidez. No podía tragar la comida aunque era el plato que más me gustaba, pavo asado. Entonces hice lo único que se me ocurrió: tomé los vegetales y el postre y no dejé de repetirme: "¡Afloja tu cuerpo! ¡Acepta y flota! ¡Acepta y flota!" Cuando llegó el café ya había logrado flotar.»

De modo que le sugiero que practique la acción de flotar, y mientras lo hace se preparará para acatar lo que expongo en la siguiente sección, y deje que el tiempo pase.

Capítulo 14

Dejar que pase el tiempo

LA RECUPERACIÓN, como toda curación, requiere tiempo. El enfermo nervioso es impaciente y desea que los síntomas se calmen inmediatamente; pero la impaciencia implica tensión y ésta es enemiga de la curación.

El enfermo elimina un importante obstáculo para la recuperación cuando comprende que su irritabilidad nerviosa es un proceso químico cuyo reajuste requiere tiempo. Un cuerpo excitable puede mostrarse engañosamente sereno en un ambiente tranquilo pero no logrará mantener la calma ante una nueva situación de estrés. Es preciso que pase el tiempo, porque éste es el verdadero sanador. Es lo que le sucede al burro con la zanahoria. La zanahoria (la recuperación) se debe desplazar cada vez más hacia delante durante cada parada, pero siempre debe estar a la vista.

Con frecuencia me preguntan cuánto tiempo durará la recuperación, y esto depende del grado de excitabilidad nerviosa y de las circunstancias de la recuperación. Es posible que el paciente esté sometido a un esfuerzo constante, por ejemplo si intenta recuperarse cuando está atravesando una situación familiar angustiosa.

También lleva tiempo enromar el filo de la memoria, ya que no podemos anestesiarla. ¿Cómo es posible suprimir un estremecimiento interior cuando nos sorprende algún recuerdo abrumador? Sin embargo, el enfermo nervioso que intenta recuperarse de su enfermedad parece creer que debería hacerlo. Desea el bálsamo de una paz constante.

Es difícil comprender que la reacción de un cuerpo sensibilizado frente a un recuerdo no es más que el cumplimiento de una ley natural; no es fácil entender que detenerse no implica necesariamente *retroceder*, aunque es preciso aceptar que *es parte de la recuperación*; el paciente suele pensar que padece mal de ojo. Pero ese mal de ojo es su falta de comprensión. Cuando esas angustiosas experiencias pasadas están tan próximas, y cuando el cuerpo aún reacciona demasiado rápida e intensamente frente al estímulo de la memoria, es natural que el enfermo caiga en la trampa de pensar que nunca se recuperará.

Cuando la memoria golpea por primera vez es como si el enfermo no hubiera aprendido nada de la experiencia pasada. Los síntomas que ha aprendido a desestimar comienzan a ser preocupantes otra vez, y mucho. Y antes de que tenga tiempo de analizarse para aclarar sus pensamientos, se encuentra atrapado en el remolino del estancamiento. Sin embargo, si originalmente hubiera encontrado la salida a su sufrimiento —habiendo afrontado sus síntomas y aceptado convivir con ellos, habiendo logrado no añadir un segundo miedo (miedo de los síntomas, especialmente miedo del pánico)—, entonces la memoria de su recuperación original lentamente hubiera despertado esa pequeña voz interior que dice: «Ya has salido una vez de esto. Puedes hacerlo otra vez. ¡Ya sabes que estos síntomas no tienen importancia!» Él escucha su voz con agradecimiento y alivio, porque gracias a ella experimenta una sensación especial que le recuerda que los síntomas *no* revisten importancia. Y ahora verdaderamente lo *siente* en vez de pensarlo. *Ahora lo siente con alivio.* El miedo desaparece gradualmente y llegan la relajación y la paz. Ha encontrado el camino hacia la verdadera recuperación, que se construye al descubrir repetidamente que los síntomas ya no son importantes.

Cuando el enfermo se convence de que los síntomas ya no son importantes, su conocimiento es cada vez más firme, y el impacto del recuerdo se debilita cada vez más, hasta que se convierte en un eco del sufrimiento pasado.

Posiblemente, debido a que la memoria puede causar una fuerte impresión al hacernos recordar antiguos síntomas con tanta nitidez, algunos terapeutas afirman con pesimismo que no es posible una completa recuperación. En realidad, no pueden admitir que el retorno de los recuerdos es el mejor de los maestros y que implica un alto en el camino que es favorable a la recuperación porque ofrece más tiempo para volver a aprender y practicar lo aprendido. Por no comprender esto, no son capaces de preparar a sus pacientes para que afronten esos recuerdos con optimismo.

En alguna etapa de la enfermedad nerviosa el paciente puede estar tan afectado que ya no se preocupa por lo que pueda sucederle; sin embargo, cuando comienza a recuperarse, reaparecen las preocupaciones complicadas por el sentimiento de que, a pesar de encontrarse mejor, no es capaz de enfrentarse con las responsabilidades de una vida normal. En este momento se le acusa con frecuencia de «no querer recuperarse». No se debe incurrir en este error, él desea recuperarse, pero simultáneamente siente miedo de tener que responder a las demandas de una vida normal; su estado actual es meramente una recuperación parcial, y puede creer que lo que se le critica es real; el resultado es un mayor desconcierto.

Debe pasar un tiempo prudencial para que el paciente encuentre un equilibrio y sea capaz de llevar una vida normal, es decir, que acepte que sus reacciones son naturales.

Mientras su cuerpo se fortalece y su ánimo se eleva, retornan el optimismo y la confianza. El proceso puede ser tan gradual que le pase desapercibido. Este carácter gradual hace posible la recuperación, y lo único que puede hacerle surgir es el paso del tiempo.

En cierta ocasión, un holandés le comentó a Vera Brittain (un autor inglés) que los holandeses de la posguerra sufrían una enfermedad espiritual que únicamente el tiempo y la comprensión podrían curar. Agregó que el sufrimiento no podía desaparecer al terminar la guerra, ya que era necesario que los holandeses reconquistàran su equilibrio, su capacidad para estar a la cabeza de los acontecimientos, incluso de sus propias vidas. «Es preciso que tengan paciencia con nosotros; debemos crecer hacia la libertad.» Del mismo modo las personas aquejadas de una enfermedad nerviosa deben tender a su propia recuperación.

Cuando el paciente está empezando a recuperarse, no sólo es vulnerable a sus recuerdos, sino particularmente a las trampas que puede tenderle lo que queda de su agotamiento. Por ejemplo, puede resultarle difícil distinguir entre el agotamiento normal y algún resto de agotamiento nervioso. El paciente puede interpretar cualquier signo de agotamiento como nervioso y concluir rápidamente que la recuperación está más lejos de lo que pensaba, sumiéndose en la angustia. Una mujer, a pesar de encontrarse mucho mejor, estaba tan susceptible, que cuando al jugar al bridge cometía errores tontos, lo adjudicaba a su prolongada enfermedad y comenzaba a inquietarse. ¡Sin embargo, cometía el mismo tipo de errores antes de enfermarse! Muchos enfermos nerviosos esperan que la recuperación les brinde un estado de serenidad que nunca tuvieron.

Como ya he mencionado, para muchas personas dicho estado de tranquilidad se demora debido a un rechazo excesivamente rígido de su apremiante e irreprimible consciencia de sí mismos: el resultado de meses, o quizá de años, de haber estado pendientes de sí mismos y de su enfermedad. Demoran su propia curación esforzándose por olvidar. *En una enfermedad nerviosa no se puede forzar nada.* El único modo de perder esa irrefrenable consciencia de sí mismo es aceptarla; aceptar cualquier pensamiento. Esto quiere decir que deberían pensar en ellos mismos y en la enfermedad *todo lo que su hábito les demande* y darse cuenta de que *sólo se trata de un hábito fomentado por el agotamiento mental.* Vuelvo a insistir que la clave de la recuperación no es *olvidar* sino *dejar de preocuparse*, y para ello es preciso que pase el *tiempo.*

Cuando el paciente advierte que la intensidad de su reacción es producto de una excitabilidad nerviosa y acepta que debe dejar que pase el tiempo, dichas reacciones gradualmente se normalizarán y pronto podrá tolerarlas con mayor filosofía. Esto implica recuperar el equilibrio personal y, tal como le dijo el holandés a Vera Brittain, lleva tiempo.

Capítulo 15

Curación de los síntomas más constantes

EN PRIMER LUGAR, observe cómo está usted sentado en la silla. No me cabe la menor duda de que se encuentra acobardado por las sensaciones que fluyen en su interior y, al mismo tiempo, preparado para «escucharlas a hurtadillas» con cierta aprehensión. Voy a pedirle que haga *exactamente lo contrario.* Quiero que se siente usted cómodamente, se relaje lo máximo posible dejando que sus brazos y piernas caigan como si tuvieran plomo, y que respire, lenta y profundamente, con la boca semiabierta. Ahora observe esas sensaciones que lo angustian, *sin intentar apartarlas de su mente.* Quiero que las examine cuidadosamente, *que las analice y las describa en voz alta.* Por ejemplo, puede usted decir: «Mis manos sudan, tiemblan y me duelen...» Esto puede parecer una tontería y quizá le provoque una sonrisa. ¡Tanto mejor!

ESTÓMAGO REVUELTO

Empiece por esa sensación nerviosa en el estómago a la que hemos descrito como tener el estómago revuelto. Se puede experimentar una inquietante agitación o sentir como si un atizador ardiendo pasara desde el estómago hasta la espalda. No intente escapar de dicha sensación. Déjese ir con ella. Relájese y analícela. Tómese unos minutos para hacerlo antes de seguir leyendo.

Ahora que la ha enfrentado y analizado, ¿le parece tan terrible? Si sufriera de artritis en la muñeca, trabajaría a pesar del dolor sin que lo perturbara excesivamente. Entonces, ¿por qué considerar esta sensación estomacal como algo tan diferente a un dolor ordinario que pueda causarle temor? Deje de considerarla como un monstruo intentando apoderarse de usted. Comprenda que sólo se trata de una sobreexcitación de los nervios que liberan adrenalina. Si usted intenta constantemente eludirlos, estará estimulando un flujo excesivo de adrenalina que excitará aún más sus nervios y la consecuencia será que la sensación de estómago revuelto será continua.

Mientras examina y analiza esa sensación puede suceder algo extraño: puede sentir que su atención se desvía de su propia persona. Eso que parecía «algo terrible» mientras usted estaba tenso y que intentaba eludir, ya no acapara su atención, pues ha comprendido lo que realmente es: una extraña sensación física que no es patológica y, por tanto, no es alarmante.

Por lo tanto, prepárese para aceptarla y convivir con ella por el momento. Acéptela como algo que lo acompañará durante un tiempo —lo que dure su recuperación— pero que finalmente lo abandonará si está preparado a dejar que el tiempo pase sin angustiarse ante su presencia.

Pero no cometa el error de pensar que desaparecerá *tan pronto como usted pierda el miedo.* Su sistema nervioso aún está cansado y tardará un tiempo en recuperarse, igual que una pierna rota necesita tiempo para curarse. De cualquier modo, en tanto usted ya no se deje atemorizar por esa sensación en el estómago, no intente curarse controlándola y se prepare para aceptarla y trabajar con ella, gradualmente otras cosas despertarán su interés y comenzará a olvidarse de ella. *Éste es el camino hacia la recuperación.* Mediante la aceptación real se quiebra el ciclo de miedo-adrenalina-miedo o, en otras palabras, el ciclo de agitación-adrenalina-agitación.

■ Aceptación real

Usted comprenderá ahora que *la aceptación real es la clave para su recuperación*, y antes de seguir examinando el resto de sus síntomas debemos asegurarnos de que ha comprendido su verdadero significado.

Algunos pacientes se quejan: «He aceptado la sensación de agitación en mi estómago pero no ha desaparecido. ¿Qué debo hacer ahora?» ¿Cómo pueden decir que la han aceptado si aún se quejan de ella?

O, como expresaba cierto paciente: «Después del desayuno comienza a revolverse mi estómago y no puedo permanecer sentado. Si lo hago, después de una hora me siento agotado, entonces me levanto y comienzo a andar por la casa. Pero estoy cansado de hacer esto. ¿Qué debo hacer?» Le respondí que él no había aceptado aún esa sensación en el estómago. «Sí que lo he hecho», respondió indignado. «Ya no le temo.»

Pero evidentemente aún sentía miedo. Temía sentirse agotado después de una hora de aguantar la agitación estomacal, de manera que permanecía sentado esperando con inquietud la aparición del síntoma, huyendo luego de él y preocupándose por el agotamiento que esta situación le producía. Es obvio que la sensación de estómago revuelto, que no es más que un síntoma de tensión, *se manifiesta inevitablemente cuando se aguarda con ansia su aparición.*

Intenté hacerle comprender que debía estar preparado para *que esa sensación de agitación estomacal se manifestara* mientras él continuaba leyendo el periódico sin preocuparse por ella. *Sólo si lo conseguía, aceptaría realmente la situación.* Únicamente de este modo alcanzaría finalmente la etapa en la que *ya no se preocuparía por el estado de su estómago.* Entonces, liberado del estímulo de la tensión y la ansiedad, los nervios liberadores de adrenalina se calmarían gradualmente y *la agitación estomacal disminuiría de forma automática para finalmente desaparecer.*

A este hombre le solicité simplemente que cambiara su aprehensión por la aceptación. *Los síntomas de este tipo de crisis nerviosa son siempre un reflejo de nuestro estado de ánimo.* Sin embargo, es bueno recordar que llevará un tiempo que el cuerpo reaccione al nuevo estado anímico de aceptación y que, durante una temporada, puede continuar reflejando el estado de tensión y temor de las semanas, meses o años precedentes. Ésta es una de las razones por las que un colapso nervioso puede resultar tan desconcertante y por la que el hombre del que hablábamos se encontraba perplejo. Había comenzado a aceptar, pero al comprobar que los síntomas no desaparecían de inmediato, rápidamente se desmoralizó y comenzó a inquietarse otra vez a pesar de que intentaba convencerse de que aceptaba la situación. Lleva tiempo que la aceptación se establezca como un nuevo estado de ánimo que finalmente proporcionará paz, del mismo modo que fue necesario que pasara el tiempo para que el miedo se estableciera como un estado continuo de tensión y ansiedad. Por este motivo, es una parte importante del tratamiento «dejar que el tiempo pase», y por ello lo destaco una y otra vez. El tiempo es la respuesta. *Pero para poder esperar que el tiempo pase es necesaria esa base de aceptación real.*

MANOS SUDOROSAS Y TEMBLOROSAS

Ahora obsérvese las manos. ¿Sudan? ¿Tiemblan? Posiblemente sienta dolor, la piel esté irritada o experimente una sensación de «agujas y alfileres». Esto es absolutamente normal, ya que las manos de cualquier persona nerviosa y asustada se encuentran en ese estado. El sudor, el temblor, la sensación de «agujas y alfileres», y la inflamación o el dolor, no son más que la expresión física de una *sobreexcitación de los nervios productores de adrenalina ocasionada por la ansiedad y el miedo.* Estas sensaciones no se complicarán hasta el punto de inutilizar las manos. Quizá estén temblorosas y sudorosas, pero *es posible usarlas.*

Por lo tanto, de momento es preciso aceptar todos estos síntomas, porque no es posible curarlos de la noche a la mañana. A pesar de la inicial persistencia del sudor y del temblor de las manos, con aceptación conseguirá usted encontrar la paz y liberarse del flujo de adrenalina; como resultado las glándulas sudoríparas se calmarán. En lugar del ciclo miedo-adrenalina-miedo, usted inicia un ciclo de aceptación-menos adrenalina-menos sudor; y finalmente logra el ciclo paz-sin exceso de adrenalina-sin exceso de sudoración. Es así de simple, aunque inicialmente la aceptación no resulte una tarea sencilla.

■ Hipertiroidismo

Las manos temblorosas y calientes son también síntomas típicos de la enfermedad conocida como hipertiroidismo, que no es exclusivamente nerviosa, aunque es bastante similar y requiere un tratamiento específico. Es preciso asegurarse de que estos síntomas en las manos no se deben a esta enfermedad. Una vez descartado el hipertiroidismo, acepte los síntomas y no pierda tiempo y energía preocupándose por si el médico pudiera haberse equivocado. Si no es capaz de hacerlo, le recomiendo que solicite una nueva consulta con otro médico y que no se inquiete, ya que el hipertiroidismo es muy fácil de diagnosticar.

ACELERACIÓN O «SACUDIDAS» DEL CORAZÓN

Examine su acelerado corazón. Al hablar de aceleración no me refiero a los breves ataques de palpitaciones que pueda sentir ocasionalmente, sino a un golpeteo constante y continuo por el que puede sentir que el corazón «se sacude». Es posible que piense que está corriendo una carrera, pero si controla su pulso mediante un reloj con segundero, seguramente descubrirá que el corazón no late más de cien veces por minuto. Es poco probable que alcance los 120 latidos. En realidad, posiblemente su corazón no esté trabajando más intensamente que cualquier corazón sano. La diferencia es que usted está *tan pendiente de los latidos que siente cada uno de ellos.* Y usted continuará en esta situación mientras escuche y registre ansiosamente cada latido.

Quiero que comprenda que esto no producirá ningún daño a su corazón. Usted podría jugar al tenis o al béisbol si lo deseara. De hecho, si tuviera interés y energía para hacerlo, con toda probabilidad su corazón se calmaría y latiría más lentamente que mientras permanece sentado controlando su pulso. Doy por sentado que usted ha pasado un control médico y le han comunicado que su problema es «meramente nervioso».

Todas esas semanas que ha pasado observando y controlando su pulso han sido una pérdida de tiempo. Su corazón no puede sufrir ningún daño. Usted puede hacer todo lo que desee siempre que esté preparado para tolerar provisoriamente las extrañas sensaciones que experimenta en la zona del corazón. La inflamación y el dolor se deben a un esfuerzo muscular del pecho causado por la tensión. Un corazón enfermo no registra dolor donde usted lo siente. *El verdadero dolor de corazón no se siente sobre el mismo corazón.*

De modo que su corazón se encuentra en buen estado y late de la misma manera que cualquier otro; lo que sucede es que está usted demasiado pendiente de sus latidos y se preocupa demasiado, prestándole una excesiva atención. Debe usted tener el coraje para relajarse y analizar esos latidos con el fin de comprender que, como las manos sudorosas y el estómago revuelto, es el resultado de una sobreexcitación de los nervios que liberan adrenalina. Los nervios de su corazón están tan sensibilizados por el miedo que responden ante el mínimo estímulo. Un ruido repentino puede ser suficiente para que su corazón se «sobresalte» o, lo que quizá resulte más desconcertante, puede incluso comenzar a latir con más fuerza sin causa aparente.

Prepárese para convivir con estos erráticos latidos hasta que sus nervios se calmen. Esto sucederá cuando usted se tome las cosas con más calma y acepte la aceleración cardiaca como parte de su programa de recuperación. Usted ha cometido el error de pensar que mientras el corazón siga latiendo de esta forma, usted aún está enfermo. Pueden pasar algunas semanas hasta que usted deje de estar tan pendiente del ritmo de sus latidos cardiacos, pero, en el momento en que lo haga, *se sentirá cada vez mejor.* No existe un interruptor mágico para apaciguar rápidamente su corazón, aunque los sedantes pueden ser de gran ayuda y no debe vacilar en tomarlos si así se lo indica su médico.

DOLOR DE CABEZA

El dolor que se experimenta alrededor de la cabeza o en la parte superior de la misma se debe a la contracción de los músculos del cuero cabelludo como consecuencia de una tensión continua. Puede sentir alivio al presionar el cuero cabelludo o colocar una bolsa de agua caliente sobre la parte dolorida. Mediante este procedimiento podrá comprobar que la causa es local y no profunda. *Éstos no son los síntomas de un tumor cerebral.*

Como la contracción de los músculos tensos causa dolor, es natural que se intensifique cuando usted se preocupa y que disminuya cuando usted se relaja y se libera de la tensión. Los analgésicos pueden servir de ayuda, pero no son la solución. La relajación que se deriva de la aceptación afloja la tensión y disminuye gradualmente el dolor. De todos modos, este dolor del cuero cabelludo, esta banda de hierro, es un síntoma muy pertinaz, y no debe usted desesperarse si tarda en desaparecer. Le aseguro que finalmente remitirá. Hasta el dolor más intenso disminuirá gradualmente para finalmente desaparecer gracias a la aceptación.

■ Una vez más, la verdadera aceptación

Asegúrese de apreciar la diferencia entre una aceptación verdadera y el mero hecho de pensar que acepta la situación. Si puede dejar que su estómago se agite, sus manos suden, su corazón lata rápidamente, y que le duela la cabeza sin prestar demasiada atención a estos síntomas, entonces estará usted aceptando realmente lo que le sucede. No importa si al principio no se siente sereno; puede que esto sea imposible en esta etapa. Todo lo que le pido es que *esté preparado para vivir y trabajar a pesar de los síntomas y sin preocuparse en exceso;* ésta es la verdadera aceptación.

El poder limitado de los nervios que liberan adrenalina

Después de examinar estas «terribles sensaciones», quiero que permanezca sentado y se concentre en cada una de ellas, de una en una, e intente intensificarlas. Descubrirá que no le es posible hacerlo. Aparentemente, *el poder de los nervios que liberan adrenalina es limitado.* Es posible que logre usted aumentar ligeramente su efecto con concentración, pero sólo ligeramente. Y sin embargo, todo este tiempo, sin darse cuenta, ha estado usted eludiendo afrontar estos síntomas porque temía que, al hacerlo, pudiera empeorar la situación. Era como si los mirara de reojo temerosamente.

Se lo diré una vez más. No puede usted intensificar sus síntomas por el mero hecho de afrontarlos o incluso con la intención directa de intensificarlos. Verdaderamente, descubrirá que cuando intente hacerlo de forma consciente experimentará cierta mejoría. Basta que se concentre en ellos de esta forma para que al menos por el momento le despierten interés en vez de miedo, e incluso este breve alivio de la tensión puede tener un efecto sedante. *Los síntomas sólo se intensifican por el miedo que despiertan y la ulterior tensión, jamás mediante la relajación ni tampoco al afrontarlos y aceptarlos.* ¿Comienza usted a sospechar que sus síntomas lo han intimidado? Es lo más probable.

Un estudiante que experimentaba sensaciones similares a las que acabo de describir progresaba lentamente en sus estudios debido a su acelerado corazón, a sus manos sudorosas y a su estómago revuelto. Cierto día, cuando estaba a punto de enloquecer, un amigo, exsoldado, vino a visitarlo. El estudiante le contó su sufrimiento diciendo: «No puedo soportarlo por más tiempo. He hecho todo lo que está a mi alcance para luchar contra él y ya no sé qué puedo hacer para salir de este infierno.»

El amigo le explicó que muchos soldados en el frente habían pasado por esa situación hasta que descubrieron que lo único que les sucedía era que sus nervios los intimidaban. Le aconsejó que no permitiera que sus nervios lo atemorizaran y que flotara por encima de su autocompasión y de su miedo, volviendo a sus estudios. El estudiante vio la luz y consiguió poner lo mejor de su parte; a las dos semanas fue capaz de hacer una excursión a la montaña. Eso sucedió hace muchos años. Aún experimenta ocasionalmente sensaciones similares cuando se encuentra nervioso pero sabe que todo pasará en cuanto logre relajarse, aceptar y flotar. Ha aprendido a convivir con sus síntomas.

«FLOTAR» EN VEZ DE «LUCHAR»

Flotar es tan importante como aceptar, y actúa con la misma magia. Podría decir que debería hacer suyo el lema «flotar» en vez de «luchar», porque todo se reduce a eso.

Voy a ilustrar más claramente lo que significa flotar. Una paciente estaba tan aterrorizada de encontrarse con gente que no había entrado en una tienda durante meses. Cuando le sugerí que hiciera una pequeña compra, dijo: «No me es posible entrar en una tienda. Lo he intentado pero ha sido en vano. Cuanto más lo intento, peor me siento. Si me esfuerzo, me siento paralizada. Por favor, no me pida que entre en una tienda.»

Le expliqué que había pocas esperanzas de que lo lograra mientras intentaba forzarse de ese modo. Ya le había prevenido previamente de lo perjudicial que era luchar. Le indiqué que se imaginara que flotaba hacia el interior de la tienda. Para facilitarle el camino, le sugerí que pensara que se encontraba sobre una nube, flotando a través de la puerta. También le expliqué que sería de enorme ayuda abandonar los pensamientos negativos, viéndolos flotar mientras se alejaban de su cabeza y reconociendo que se trataba de meros pensamientos que no debían intimidarla y que no debía prestarles atención.

Cuando volvió a la siguiente sesión estaba entusiasmada y me comentó: «No me detenga. Aún estoy flotando. ¿Quiere usted que flote por alguna otra razón?»

¡Es curioso cómo una simple palabra puede liberar una mente que ha estado cautiva durante meses! La explicación es muy sencilla. Al luchar se genera tensión y ésta inhibe la acción. Cuando se piensa en *flotar, la mente se relaja y se llega a la acción*. Esta mujer se encontraba en tal estado de tensión que la he visto casi deshacerse en lágrimas cuando intentaba encontrar sus llaves en el fondo de su bolso, con las manos temblorosas. Después de haber aprendido a flotar, cierto día en una situación similar me dijo: «Siento hacerla perder tiempo. Las llaves no pueden estar muy lejos; acabo de flotar por encima de una barra de labios, dos facturas y un monedero. Si floto un poco más, daré con ellas.» Sus manos casi se habían calmado. Estaba aprendiendo a flotar sobre su propia tensión.

He visto pacientes tan nerviosos por el miedo constante que padecían que estaban convencidos de no ser capaces de levantar un brazo para alimentarse. Después de conversar repetidas veces con un hombre que había estado postrado en cama durante semanas, logró comprender que la parálisis estaba en sus pensamientos y no en sus músculos. Aprendió el truco de liberarlos *flotando por encima de sus pensamientos negativos.* A los pocos días era capaz de «hacer flotar» la comida hacia su boca sin ayuda y anunció que estaba preparado para levantarse y caminar.

Esto causó un gran revuelo en la sala del hospital. Varios médicos, estudiantes y enfermeras se reunieron a su alrededor. Tan pronto como el paciente se puso de pie, una enfermera, al verlo tambalearse, le gritó: «¡Cuidado, se puede caer!»

Al describir posteriormente lo que había ocurrido, el paciente me explicó que, debido a esa indicación, había estado a punto de caerse. Sin embargo, había escuchado una voz interior que le decía: «Si flotas, lo lograrás. Flota y atraviesa el miedo.» Y él «flotó» de un lado para otro de la sala ante el estupor de quienes allí se encontraban y del suyo propio.

Los pensamientos que producen miedo tal como fueron experimentados por estos dos pacientes pueden ser muy persistentes, casi obsesivos, para una mente cansada, y es muy beneficioso que quien los sufre sea capaz de imaginar un sendero a través del cual pueden escapar esos pensamientos, es decir, dejarlos que se alejen flotando (otro uso para la palabra «flotar»). Por ejemplo, una mujer los visualizaba alejándose a través de la parte posterior de su cabeza; otra persona los dejaba flotar a lo largo de un túnel por encima de su oreja derecha, donde el verdulero guarda su lapicero; una tercera persona los veía como pequeñas pelotas rebotando fuera de su cabeza. Esto puede sonar infantil para una mente sana y flexible, capaz de analizar sus pensamientos. Sin embargo, no lo es para quien está agotado, a quien nada que pueda ayudarlo le parece infantil. Y esta idea funciona muy bien.

El primer pánico. «La primera vez que sufrí un acceso de pánico fue en una tienda en Exeter. Había tomado una taza de té y me encontraba en los aseos. Me sentía tan mal que pedí que me llevaran a casa. Fue una experiencia tan angustiante que durante años no volví a Exeter.

»A las tres semanas volvía a sufrir otro ataque. En esa época me encontraba tensa; había visitado al dentista unos días atrás y las citas concertadas siempre me han preocupado. Dos días más tarde se celebró el bautizo de mi nieta. Fue un hermoso servicio en una bonita iglesia y lo disfruté enormemente. Se ofreció una comida en un hotel cercano. Me conmovió ver cómo la gente atendía a mi madre (que tenía ochenta y cinco años) y disfruté ayudando a mi nietecita de dieciocho meses a comer. Me llené las manos de chocolate y decidí ir al cuarto de aseo a lavármelas.

»Conozco muy bien el hotel pero los aseos habían sido construidos recientemente y de una forma un tanto extraña. No había nadie cuando llegué. Ahora puedo ver la conexión entre el ataque de pánico en Exeter y el de esta ocasión. El problema empezó cuando cerré con llave la puerta del baño. Siempre he temido las puertas cerradas. Primero aparece el miedo y luego todo lo demás. Sé como soy y lo que estoy haciendo, pero todo me parece un sueño, como si hubiera perdido mi identidad. Recuerdo que en Exeter me preguntaba si estaba aún con vida. En medio de todo esto, recordé las palabras de la doctora Weekles: "No haga caso de las sensaciones extrañas. Aflójese y acepte la situación."

»Me lavé las manos que tardaron años en secarse bajo el secador eléctrico. Me miré en el espejo. Me sentía horrible, y mi apariencia era también espantosa. Entonces pensé: "Me peinaré y me empolvaré la nariz y volveré al salón." Y así lo hice. Atravesé el pasillo en dirección al salón; me senté entre los invitados y me conduje como si nada hubiera sucedido. La sensación de pánico casi había desaparecido.

»Al día siguiente me sentía muy cansada pero decidí que no me descontrolaría a pesar de no olvidar lo que había sucedido.

»Doctora, ¿había llegado la sensación a su máxima intensidad o podía haber sido peor aún? ¿Podría haberse prolongado más? Si eso «fue todo», ahora sé que puedo controlarlo cuando vuelva a aparecer.»

El deseo de confirmación de que la situación no podía llegar más lejos demuestra que esta mujer aún temía el ataque de pánico, y hasta que no fuera capaz de superar su inquietud, guardaría las semillas de un futuro ataque. Ella creía que la situación podría haber sido aún más desagradable si no se hubiera controlado. No debería perder la seguridad pensando: «¡Puedo soportar *esa* intensidad! Debería saber que es capaz de *afrontar y atravesar el pánico independientemente de cuál sea su intensidad.* Debería confortarse con el siguiente pensamiento: Incluso el ataque más intenso tiene un límite. Sólo cuando sea capaz de afrontar cualquier tipo de ataque perderá el miedo.

El pánico asume diversas formas y la «retirada» es una de ellas. Ya la he mencionado anteriormente. La retirada es la sensación de que los pensamientos retroceden justamente hasta la parte posterior de la cabeza; es amenazadora porque el sujeto siente que no volverá a ser el mismo. La retirada no es más que los tornillos de la tensión ajustados con más fuerza de lo habitual —la sensación de estar presos de la propia mente—, ¡la identidad perdida! Es esencial reconocer los trucos de la tensión y no sucumbir ante ellos. La serenidad que acompaña a la relajación (aun la más ligera) derivada del entendimiento (en cierto sentido le sucedió a esta mujer cuando recordó mis palabras y volvió junto a los invitados) ayuda a aflojar el tornillo. No hay nada que temer.

■ Inactividad magistral

La inactividad magistral es una frase conocida y es otro modo de describir la acción de flotar. Significa abandonar la lucha, dejar de contraerse intentando controlar el miedo, intentando «hacer algo» mientras uno mismo se somete a un constante autoanálisis. Significa no empeñarse en encontrar una salida a la crisis enfrentando cada obstáculo como si fuera un desafío que es preciso vencer antes de haber podido recuperarse. Significa eludir la lucha, rodear la montaña en vez de escalarla, flotar y dejar que el tiempo pase.

Toda persona normal, que está tensa debido a la lucha, tiene una aversión innata a practicar la inactividad magistral y dejarse ir. Vagamente piensa que si lo hiciera perdería el control del último vestigio de su fuerza de voluntad y su castillo de naipes se derrumbaría. Un joven lo expresó de la siguiente manera: «Siento que debo estar en guardia. Si me dejara ir, algo se rompería. Es absolutamente necesario que mantenga el control.» Cuando se veía obligado a hablar con extraños, hundía las uñas en las palmas de sus manos mientras intentaba controlar el temblor de su cuerpo y su tensión nerviosa. Miraba el reloj ansiosamente, preguntándose cuanto tiempo más podría sostener esta mascarada sin «quebrarse.»

■ Flexibilice su actitud

A esas personas especialmente tensas y controladas que se muerden las uñas les indico que «practiquen la inactividad magistral y se dejen ir». Si su cuerpo tiembla, *déjelo temblar*. No se sienta obligado a detenerlo. No simule normalidad. Ni siquiera intente relajarse, simplemente deje que la idea de relajarse esté presente en su mente, en su actitud con respecto a su cuerpo. Sea flexible. En otras palabras, *no se preocupe en exceso por la tensión que experimenta ni por su incapacidad para relajarse.* El simple hecho de estar preparado para aceptar su tensión, relajará su mente y a continuación también relajará gradualmente su cuerpo. *No debe luchar por relajarse, sino que debe esperar que le acontezca.* Cuando un paciente dice: «He pasado todo el día intentando relajarme», lo más probable es que haya tenido un día de lucha y no de relajación. *Deje que su cuerpo encuentre su propio equilibrio sin controlarlo ni dirigirlo.* Créame, si lo hace, no se derrumbará. No perderá el verdadero control de sí mismo. Flotará hacia la superficie desde las profundidades de la desesperación.

El alivio que supone abandonar el autocontrol y la lucha y reconocer que no hay ninguna batalla que ganar, excepto la de ocuparse de usted mismo, puede ofrecer la calma que ha olvidado que existe en su interior. Debido al extraordinario esfuerzo que realiza para controlarse, ha estado usted liberando más y más adrenalina, y de este modo ha excitado sus órganos y ellos producen las diversas sensaciones de las que ha estado intentando escapar.

De modo que:

- Flote hasta atravesar la tensión y el miedo.
- Flote hasta atravesar las ideas que no son bienvenidas.
- Flote, no luche.
- Acepte y deje que pase más tiempo.

Capítulo 16

Curación de los ataques nerviosos recurrentes

AHORA NOS OCUPAREMOS de los síntomas de una crisis nerviosa que pueden manifestarse como ataques: pánico, palpitaciones, latidos cardiacos lentos o discontinuos, temblores, incapacidad para respirar profundamente, un «nudo en la garganta», vértigo, náuseas y vómitos. La depresión y el insomnio son un aspecto muy importante de las enfermedades nerviosas generalmente causados por los problemas, la aflicción, la culpa o alguna desgracia. Con el fin de evitar repetirme, me ocuparé de ellos más adelante cuando describa este segundo tipo de colapso nervioso.

ATAQUES DE PÁNICO

Como ya he mencionado, el miedo puede producir un constante estado de tensión o puede tomar la forma de intensos ataques recurrentes de pánico que comienzan a manifestarse en la parte media de nuestro cuerpo, justo por debajo del esternón, y se extienden como una llama ardiente a todo el cuerpo, pasando a través del pecho, hacia la columna, la cara, los brazos y bajando luego hasta las ingles en dirección hacia los dedos de los pies.

Si usted sufre este tipo de ataques, se habrá dado cuenta que al principio usted era capaz de controlarlos, pero en la actualidad parece haber perdido el control y vive en un estado de constante ansiedad. Su sistema nervioso está tan sensible que, ante la más insignificante provocación, produce instantáneamente uno de esos accesos de pánico. Usted permanece tenso y aprehensivo, lo que ayuda a aumentar la frecuencia e intensidad de los ataques. ¿Puede comprender el círculo vicioso en el que se encuentra?

El tratamiento generalmente ofrecido para curar los síntomas que genera el miedo constante curará también los ataques de miedo agudo. Usted debe *afrontar, analizar e intentar comprender sus síntomas, aprendiendo a convivir con ellos temporariamente, dejando que el tiempo pase para llegar a recuperarse.*

En el pasado, hubiera intentado controlar y detener una ola de pánico tan pronto como intuía su próxima aparición, o se hubiera acobardado intentando olvidarla cuanto antes. De este modo ha vivido usted en constante temor, preparando un campo de batalla ante cada inminente irrupción de pánico. Ahora, de la misma forma que ha estudiado y descrito la sensación de estómago revuelto y el sudor en las manos, en la siguiente ocasión que sienta pánico deseo que examine esta emoción sin intimidarse.

Descubrirá que *el miedo golpea más fuerte cuando golpea por primera vez,* que si usted se relaja y se mantiene firme mientras lo ve pasar, pronto se calmará y desaparecerá. Cuando haya aprendido el truco de relajarse y observar la ola de miedo hasta que desaparezca *sin añadir más pánico ni tensión al miedo, o sin intentar detenerlo mediante el control*, comenzará *a perder su miedo del miedo.* Probablemente se sorprenderá al advertir que un ardor estomacal, una sensación de quemazón en la columna, o de agujas y alfileres en sus manos y la palpitación de las sienes han podido mantenerlo en un estado de terror. *Ha estado aterrorizado simplemente por una sensación física.* Al analizar de este modo el miedo y considerarlo como una sensación física que se ajusta a un patrón establecido y que desaparece con la aceptación y la relajación, SE DESENMASCARÁ EL MIEDO Y CON EL LA PROPIA CRISIS; LO ÚNICO QUE RESTA ES UN FANTASMA.

Pánico desmedido. Buscando apoyo en las farolas. «Sufro ataques de pánico desmedidos. Creo que me voy a desvanecer, siento vértigo, no puedo respirar correctamente y me derrumbo. Incluso he llegado a sujetarme de las farolas para no caer. Y además, siento como si «no estuviera allí» y creo que nunca podré deshacerme de esta pesadilla.

»¿Cómo puedo evitar que me asalte un pánico semejante? No evito los autobuses ni caminar por las calles. He intentado hacer todo lo que me ha enseñado, pero cuando el pánico es tan intenso, ¿cómo puede usted esperar que siga ocupándome de lo que estaba haciendo? Después de un ataque me siento vacía, tan débil y humillada que no puedo calmarme. Estoy convencida de estar a punto de morir y trato de escapar de alguna forma.»

Este impresionante ejemplo nos explica lo que es la agorafobia. Todos los síntomas que menciona esta mujer se derivan del miedo, incluso del terror, y ella misma ha generado este estado debido a la ansiedad que le despiertan los síntomas nacidos del miedo. Está sumida en un ciclo en el que los síntomas del miedo crean más miedo.

Desgraciadamente, una mujer valiente se ha precipitado en esta situación creyendo que la aceptaba cuando en realidad sólo la soportaba. Comprendo cuán difícil resulta no dejarse atemorizar por el pánico cuando es muy intenso. No hay duda de que muchas personas pueden llegar a desesperar. El ataque puede ser tan feroz que el ánimo sucumba ante él.

Es posible sobrellevar el ataque más intenso sin la ayuda de tranquilizantes (y muchos lo hacen), pero no espero que todo el mundo pueda hacerlo. Tomar tranquilizantes durante una temporada puede aliviar el sufrimiento y elevar el ánimo hasta que el paciente sea capaz de enfrentar al tigre otra vez. Después de este respiro puede aceptar un ataque de pánico sin hundirse.

En mi práctica pregunto a una persona como la que he descrito (normalmente por teléfono) qué es lo que ella cree que yo esperaba que hiciera. Insisto en que exprese la idea de aceptación en sus propias palabras hasta asegurarme de que conoce la diferencia entre aceptar y soportar una situación.

Le pediría que intentara aceptar desde la parte «central» de su cuerpo. Cuando ella estuviera segura de hacerlo, le indicaría: «Ahora salga a la calle y desee que aparezca el pánico para que pueda usted practicar la aceptación.»

A menudo un paciente que ha encontrado alivio regresa a la consulta diciendo: «Lo he conseguido, doctora.» Si no lo logra en el primer intento, seguramente lo conseguirá en el próximo. De cualquier modo, ambos perseveraríamos hasta que lo consiguiera.

Es preciso destacar que hay una enorme diferencia entre tomar sedantes provisoriamente debido a un estado de extrema sensibilidad y depender de ellos como una muleta permanente.

Los ataques de pánico generalmente disminuyen en número e intensidad según un patrón determinado. La persona que practica la aceptación pasa gradualmente de experimentar un pánico aterrador a sentir aversión por él, y de esta aversión al descubrimiento de que ya no le preocupa. Esto no significa que el pánico desaparezca; lleva tiempo que esta actitud lo elimine por completo. Es importante advertir que el pánico puede volver a aparecer pero que el paciente ya no se inquieta. Éste es el inicio de la recuperación.

Les ruego que no retrocedan atemorizados ante los síntomas de terror. No hay salida en la huida.

Algunos terapeutas acompañan u ofrecen acompañantes a sus pacientes agorafóbicos hasta que puedan desplazarse a gusto por sus propios medios. Pero, en mi opinión, *estas personas son vulnerables al retorno del pánico.*

Reconozco que mi método es el modo más duro para curarse, pero si hablamos de una cura permanente entonces debemos hablar de mi método. Para curarse de un modo definitivo, el paciente debe aprender a superar sus síntomas aprendiendo en primer lugar a perderles el miedo. No hay que acompañarlo amablemente hasta que se acostumbre a estar lejos de la seguridad de su hogar. A*costumbrarse a estar en un determinado lugar de modo que no irrumpa el pánico no es una cura permanente.*

Si al leer esto su corazón le dice que nunca será capaz de practicar lo que enseño, déjeme decirle que no existe persona alguna que no pueda practicar este método si se decide a hacerlo.

■ Otras formas de dominar el miedo

Existen otras formas de dominar el miedo además de analizarlo y desenmascararlo, y algunos médicos han observado que ciertos pacientes inventan sus propios métodos. Algunos encuentran la causa del miedo e intentan controlarla, creyendo que al desaparecer la causa eliminarán el miedo. Por ejemplo, una mujer, aterrorizada por las palpitaciones producidas por el miedo de morir durante un ataque, perdió el miedo a la muerte y, como consecuencia, a las palpitaciones. No estoy sugiriendo que se utilice este método para los diversos tipos de crisis nerviosa porque existen muchos ejemplos en los que se exageran nimiedades y finalmente se logra superar una dificultad para más tarde encontrar una docena en su lugar. En estos casos prefiero atacar directamente el miedo.

Por ejemplo, la señora G. tenía miedo de salir a la calle para ir de compras. Al analizar su miedo, descubrió que había muchos obstáculos que lo provocaban, entre ellos, pasar por la cabina telefónica en la que una vez había sufrido un ataque, encontrarse con el vecino de los ojos brillantes, tener que esperar en la carnicería, etcétera —la lista era inmensa—. Descubrir la causa del miedo para cada uno de esos obstáculos hubiera sido un programa de investigación rechazado por el sentido común. Es más práctico encontrar un punto de vista común para cada uno de los obstáculos que se interponen en ese viaje a través de la calle. Desenmascarar el miedo en sí mismo es el enfoque adecuado. Habiendo perdido la sensación física del miedo, la señora G. es capaz de flotar por delante de la cabina telefónica, de los ojos brillantes del vecino, e incluso entrar en la carnicería.

Este método es excelente para miedos menores, aunque los más intensos deben ser atacados en su propia fuente, de lo contrario, desenmascarar el miedo es simplemente eludir el tema. Cuando hablo de miedos más intensos me refiero a aquellos cuya intensidad ha causado originalmente la crisis nerviosa e interfieren actualmente la recuperación. Me ocuparé de un caso semejante en otro capítulo y expondré a continuación el de una persona aquejada por miedos menos intensos cuyo principal problema es encontrar la forma de escapar de las sensaciones físicas que despierta el miedo.

Desmayos. Muy pocos enfermos nerviosos se desmayan. Ocasionalmente pueden «sentir que pierden el conocimiento», pero sólo unos pocos llegan a desmayarse. Esto se debe a que la pérdida de conocimiento que experimentan es a menudo autoinducida y la mayoría de los enfermos, cuando comienzan a buscar una solución por miedo a desmayarse, generalmente se las arreglan para disociar su atención de esa sensación e intentan encontrar una vía de escape. Están tan acostumbrados a luchar contra esa amenaza mediante la huida que generalmente se sientan junto a una puerta para poder salir rápidamente si es necesario.

¿Pero por qué creen que van a perder el conocimiento? No me refiero a la persona que «pica» en vez de comer, y que posiblemente esté desnutrida y anémica. Hablo de enfermos nerviosos bien alimentados. Estas personas experimentan una sensación de desvanecimiento porque, en una situación temida, se alteran por pensamientos negativos: «¿Y si tengo que sentarme adelante?... ¿Cuánto tiempo soportaré estar sentado aquí?... ¿Cuándo dejará de hablar ese hombre?... ¿Y si me desmayo?... ¡Creo que me voy a desmayar!... ¿Y si no puedo salir de aquí y pierdo el conocimiento?» Embestida tras embestida. Los nervios de la mayoría de las personas pueden tolerar estos violentos ataques durante un tiempo prolongado y el que los padece puede sentirse meramente mareado. Como ya he dicho, los enfermos nerviosos rara vez se desmayan.

La lección a aprender es que ningún enfermo nervioso se desvanecerá si está preparado para hacer lo que aconsejo constantemente: no agregar un segundo miedo. Si se encuentra usted en esa situación, afloje su cuerpo (relájese) al máximo y prepárese para aceptar los sentimientos que irrumpan en su conciencia sin añadir una tensión adicional al pensar: «¡Oh, Dios mío, que va a pasar ahora!»

Algunas personas se desmayan con más facilidad que otras, sean o no enfermos nerviosos. Tomemos, por ejemplo, los soldados que están de guardia durante horas en el mismo lugar; en esa situación la pérdida de conocimiento se puede evitar moviendo el cuerpo lo más frecuentemente posible.

Después de leer esto, le ruego que no piense que, si tiene que permanecer de pie en algún sitio, comenzará a sentirse nervioso de inmediato. Ningún enfermo nervioso se desvanece a causa de sus «nervios» si afloja su cuerpo y escucha sus propios sentimientos, e incluso esa sensación de «sentir que pierde el conocimiento».

■ Sedación

Cuando le aconsejo que aprenda a manejar los accesos de miedo mediante el análisis, la comprensión y la aceptación, no deseo que piense que subestimo su gravedad. Por el contrario, me hago cargo de que son tan intensos que surgen a pesar de la voluntad y que no es sencillo controlarlos. Es probable que aun con la mejor intención y determinación a aceptarlos, se sienta usted demasiado agotado para hacerlo. Parece como si su mente estuviera preparada para aceptar pero su cuerpo cansado no le obedece. Una mujer lo expresó del siguiente modo: «Parece que no consigo captar la idea, doctora.»

Si necesita usted un sedante, aunque sea en pequeñas dosis, acuda al médico para que se lo recete y supervise la dosis; no utilice las recetas de otras personas.

No debe temer desarrollar una adicción bajo supervisión médica. Cuando se recupere ya no necesitará sedantes. Los enfermos nerviosos parecen tener especial interés en abandonar los sedantes lo antes posible. También evitan utilizarlos. Cuántas veces he escuchado que un paciente me decía triunfante: «Sólo una píldora la noche pasada, doctora.»

La sedación es particularmente necesaria si el paciente no logra dormir, ya que el sueño es un excelente medio para curarse. El sueño es aún más valioso cuando está acompañado de paz mental. Si usted ya ha aceptado las extrañas sensaciones que padece y no intenta escapar de ellas, seguramente ha encontrado algo de paz. El sueño será ahora un buen compañero. Pero el sueño es menos útil para quienes aún están atemorizados y mentalmente continúan huyendo. Sin embargo, incluso en este caso el sueño tiene un poder regenerativo y por esto aconsejamos los sedantes.

PALPITACIONES

Ese breve ataque de latidos cardiacos alarmantemente rápidos puede irrumpir, y generalmente lo hace, cuando usted está a punto de irse a dormir, o incluso cuando está durmiendo. No se deje atrapar por el pánico. Cuánto más pánico sienta, más adrenalina liberarán sus nervios y más velozmente latirá su corazón. Aunque usted piense: «¡Desearía que la doctora controlara mi pulso en este momento! ¡Mi corazón parece estar realizando una carrera! Sospecho que si se controlara usted mismo el pulso descubriría que no supera los ciento veinte latidos por minuto. Y aunque lo hiciera, tampoco sería tan importante. Un corazón sano puede tolerar doscientos latidos por minuto durante varias horas, incluso días, sin sufrir daño alguno.

Y aunque usted sienta el latido de su corazón en la garganta y esté convencido de que está a punto de estallar, le aseguro que no lo hará. Esa sensación se debe a un intenso bombeo de las arterias principales de su cuello. Su corazón no está cerca de su garganta. Si pudiera comprobar cuán grueso y fuerte es el músculo cardiaco, perdería el miedo a que explotara o a que resultara perjudicado por las palpitaciones.

Por lo tanto, relájese lo máximo que le sea posible (vea «Cómo relajarse» en el capítulo 24), inspire profundamente y espire lentamente, dejando que su corazón siga latiendo velozmente hasta que decida aminorar su ritmo, recordando en todo momento que es un corazón fuerte aunque momentáneamente sobrexcitado y que no sufrirá daño alguno debido a esa sobrestimulación que pronto terminará. ¿Es muy preocupante que el ataque se prolongue? ¿Son tan terribles las palpitaciones cuando se las comprende? Si fuera necesario, puede usted calmarse hablando con alguien o bebiendo un vaso de leche. Caminar por la casa no supondrá ningún esfuerzo adicional para su corazón a pesar de las palpitaciones. Si prefiere permanecer en la cama, puede hacerlo siempre que se mantenga lo más relajado posible, despreocupándose de la aceleración de su corazón *sin acobardarse.* Si lo consigue, una de estas noches logrará quedarse dormido en mitad de un ataque.

EL CORAZÓN LATE MUY LENTAMENTE

Puede suceder que en vez de latir rápidamente, el corazón lata con excesiva lentitud y usted sienta que va a desvanecerse, seguro de que de un momento a otro se detendrá. En este caso es posible que se sienta paralizado. Esto se conoce como un ataque vasovagal y se debe a una sobrestimulación de un nervio parasimpático, el vago. Recordará que los nervios parasimpáticos controlan los nervios liberadores de adrenalina. Cuando se producen estos ataques, el control es demasiado estricto y el corazón se lentifica hasta llegar a un ritmo inquietante.

Los ataques vasovagales son menos frecuentes que las palpitaciones, pero pueden ser igualmente perturbadores si no se los comprende. Recuerde, el ataque también es el resultado de *una excesiva estimulación nerviosa. Su corazón no está enfermo y no sufrirá ningún daño.* Cuanto menos se preocupe, más rápidamente se aflojará la tensión y el ataque desaparecerá gradualmente. Incluso después de una aparente recuperación, es posible sufrir un nuevo ataque. No se debe sentir desconcertado; mediante la comprensión y la aceptación el ataque perderá importancia. Puede acudir a su médico para que le recete alguna medicación; no deje de consultarlo, si lo cree necesario. Es aconsejable que el ataque termine prontamente, ya que, a pesar de no resultar dañino para el corazón, resulta agotador. Aunque me dedico a enseñar cómo afrontar y aceptar, no reivindico la tolerancia estoica.

LATIDOS CARDIACOS DISCONTINUOS

Un corazón cansado como consecuencia de un estado de nerviosismo o estimulado por demasiado alcohol, nicotina o cafeína (café o té), en ocasiones latirá de forma discontinua, dando la sensación de que «omite» algunos latidos. El paciente siente que su corazón se agita y experimenta una sensación de cosquilleo en la garganta. Puede toser y permanecer alerta, esperando lo que pueda acontecer.

Esta discontinuidad cardiaca no resulta peligrosa y el corazón no se detendrá. Es simplemente inquietante, pero el ejercicio ayuda a eliminarla. De manera que no sienta temor. La mayoría de las personas mayores de cuarenta años sufren ocasionalmente una cierta discontinuidad del ritmo cardiaco. También le sucede a mucha gente joven. No se trata de un síntoma que revista importancia.

ATAQUES DE TEMBLORES

Algunas personas sufren ciertos ataques que no son ni palpitaciones ni una disminución del ritmo cardiaco; los denominan «ataques de temblores» y los describen como una súbita debilidad en las piernas y a continuación una sensación de temblor tras la que su cuerpo se cubre de sudor. A estos ataques se los denomina hipoglucémicos, y esa extensa palabra significa «que no hay demasiada azúcar en la sangre». En otras palabras, el motor golpetea por falta de gasolina.

Las personas tensas que consumen su energía más rápido de lo que la producen son quienes sufren especialmente los ataques hipoglucémicos. El ataque suele presentarse antes de las comidas y no tiene consecuencias de consideración. Un poco de descanso bastará para que el hígado libere azúcar hacia el flujo sanguíneo. Tomar algo dulce ayuda a que el ataque remita rápidamente. Es útil tener algunos caramelos a mano. Estos ataques no se limitan a quienes sufren crisis nerviosas; muchas personas sanas los sufren.

INCAPACIDAD PARA RESPIRAR PROFUNDAMENTE

Del mismo modo que la tensión causa que los músculos del cuero cabelludo produzcan dolor, también provoca espasmos en los músculos del pecho y de los pulmones. El paciente se queja de no poder abrir el pecho para que entre el aire. Puede caminar alrededor de su casa suspirando hasta que algún familiar exasperado le pida: «Deja de lamentarte.»

El efecto de dicho espasmo es temporal y cede cuando se alivia la tensión. No es perjudicial para el pecho y no está relacionado con ninguna enfermedad. Siempre será posible obtener suficiente aire, aunque la respiración no sea tan libre ni profunda como se desearía.

Esta respiración poco profunda se puede agravar si, en un esfuerzo por compensar el síntoma y obtener más aire, el sujeto respira forzadamente. Sin embargo, de este modo se consume mucho dióxido de carbono de los pulmones y el paciente puede sentir vértigo y sus manos, cargadas de «agujas y alfileres», pueden sufrir espasmos por una contracción tetánica. (Los dedos se ponen rígidos y las muñecas se doblan.) Esta situación es alarmante para el paciente y para la familia, pero no merece la pena preocuparse ya que se lo puede solucionar respirando en una bolsa de papel y volviendo a inspirar el mismo aire; aunque no sea un digno fin para tan espectacular actuación.

«UN NUDO EN LA GARGANTA»

Algunos enfermos nerviosos se quejan de sentir una constante presión en la garganta o lo que denominan «un nudo en la garganta», que intentan eliminar tragando continuamente. Algunos dicen que es como si la garganta estuviera «hinchada». Estos pacientes están convencidos que tienen algo grave, incluso cáncer. Una vez más se trata de un espasmo muscular de origen nervioso. Esto se denomina *globus hystericus*, que significa un nudo histérico. También desaparecerá con la ayuda de la relajación y la aceptación, aunque en el ínterin puede ser tan penoso para el enfermo que le cueste creer que esa presión sea solamente un espasmo. No es fácil convencerlo del origen nervioso de ese nudo en la garganta y sólo lo admitirá cuando el médico lo haya examinado detenidamente.

VÉRTIGO

El vértigo puede ser un fenómeno muy perturbador. Para nosotros, la estabilidad de nuestro mundo depende de verlo tal como estamos acostumbrados. Tener repentinamente la impresión de que los muebles se desplazan velozmente por la habitación puede ser una experiencia alarmante.

Hay dos tipos principales de vértigo. En uno de ellos, los objetos que sabemos que están fijos parecen moverse; en el otro, podemos simplemente sentirnos mareados e inestables. Nuestro equilibrio normalmente se mantiene por la compleja coordinación entre nuestros ojos, oídos y los músculos del cuello y de los ojos. Y la más ligera desviación puede hacernos tambalear y sentir vértigo. Es evidente que el vértigo puede ser el precursor de un sistema nervioso fatigado, aunque no reviste importancia, ya que se presenta en forma de ataques breves y desaparece rápidamente cuando se reconquista la compostura y desaparece el agotamiento.

Ciertos pequeños defectos físicos pueden causar vértigo, tal como un trozo de cera adherida al tímpano o un bloqueo en la trompa de Eustaquio (conducto auditivo que une el oído con la garganta). Es aconsejable que el médico confirme que el vértigo tiene un origen nervioso. El vértigo nervioso es el tipo menos grave.

NÁUSEAS Y VÓMITOS

Comer puede significar un problema. Tal vez haya usted perdido peso y sienta náuseas por el mero hecho de ver la comida, o quizá sufra ataques de vómitos. Una mezcla de genciana antes de las comidas puede resultar muy oportuno, aunque la mejor ayuda es una serena determinación de alimentarse y mantener la comida en nuestro cuerpo, suceda lo que suceda. Si al cabo de unos momentos la vomita, inténtelo una vez más. Acéptelo.

No incurra en el error de pensar que por sentir náuseas y estar sometido a estrés, la comida no le sentará bien y que por esta causa es mejor comer frugalmente. En tanto sea capaz de tragar los alimentos, estará alimentado y nutrido, aunque tarde más tiempo en hacer la digestión. La desnutrición y la anemia pueden causar síntomas como los que padece, *de manera que debe alimentarse bien.*

Si se ha alimentado mal durante las últimas semanas, su estómago no será capaz de aceptar una comida de tamaño normal. En ese caso, coma con más frecuencia y en menores cantidades. Beba yemas de huevo y mucha leche desnatada. Tome una dosis diaria de vitaminas, pero sólo la cantidad recetada por su médico. Puede ser peligroso tomar una cantidad excesiva de vitaminas.

De modo que, aunque sienta náuseas, decídase a aceptar los alimentos. Es probable que tarde algún tiempo en conseguirlo, pero usted es capaz de hacerlo.

PÉRDIDA DE PESO: ALÉJESE DE LAS BALANZAS

Siempre que usted insista en aceptar y dejar que el tiempo pase y esté alimentándose correctamente, tomando especialmente ese último bocado que ya no le apetece, *su peso no es importante*. La gente que sufre crisis nerviosas generalmente se preocupa demasiado porque está perdiendo peso. Observan sus huesos con preocupación preguntándose cuánto durará este proceso. No pueden resistir pesarse continuamente en la balanza del baño, con los ojos fijos en la escala mientras esperan encontrar algunos gramos más que la vez anterior. *Guarde su balanza y no vuelva a pesarse hasta que se vea tan gordo que considere necesario ponerse a dieta.*

Es interesante advertir el efecto directo aunque temporal que tiene el estrés emocional sobre el apetito. He observado a una persona sumida en la angustia estremecerse ante el mero hecho de ver la comida y devorarla ávidamente una hora después de haber recibido buenas noticias.

Un cuerpo que ha adelgazado por el miedo no es un cuerpo enfermo y estará deseoso de recuperar el peso perdido en tanto usted sea capaz de aceptar los alimentos. De modo que no preste importancia a su «pobre y delgado cuerpo». *Dedíquese a comer y olvídese de la balanza.* Incluso cuando un inoportuno amigo le comente: «¡Dios mío, estás más delgado que nunca»!, resista la tentación de controlar su peso.

■ El daño no es permanente

Cuando su vecino le eche una mirada de compasión y le diga: «¡Tienes un aspecto horrible!», recuerde que a pesar de su actual apariencia enfermiza, en pocas semanas el mismo vecino puede llegar a decir: «¡Has cambiado notablemente!» Usted puede recuperarse completamente de su crisis nerviosa, y a pesar de los dolores que pueda experimentar en la zona del corazón no sufrirá ningún daño.

Entonces por qué no pensar: «Hoy puedo tener una apariencia horrible, pero una crisis nerviosa no es una enfermedad. En cuanto me encuentre un poco mejor, ganaré unos kilos, y mientras tanto me ocuparé de alimentarme bien aunque tenga que empujar la comida a través de mi garganta, y además ignoraré los comentarios de mi vecino.»

NO ES PROBABLE QUE SURJAN NUEVOS SÍNTOMAS

Puede resultar tranquilizador saber que la acción de la adrenalina está siempre restringida a los mismos órganos y que siempre responde al mismo patrón. *Ya no habrá más sorpresas para usted.* Este supuesto reconforta a la mayoría de las personas porque la aprehensión de lo que pueda llegar a suceder es una parte fundamental de su crisis. *No es probable que en el futuro surjan otros síntomas diferentes a los ya descritos.*

Si sólo ha sufrido algunos de los síntomas mencionados, no debe usted pensar que tendrá que padecer los restantes; no es corriente que en una crisis nerviosa se manifiesten todos los síntomas. Cada uno de nosotros tenemos en nuestro cuerpo partes más sensibles que otras que reaccionan más rápidamente al estímulo de la adrenalina. Si no ha sentido náuseas ni vómitos, su estómago es lo suficientemente fuerte como para soportar la tensión. Y continuará siéndolo. Todos sabemos que ciertas personas tienden a sentir náuseas cuando se angustian, otros corren al cuarto de baño y, finalmente, hay quienes simplemente sienten el estómago revuelto. Sin embargo, los tres síntomas aparecer raramente en una misma persona.

Usted probablemente ya conocerá su patrón personal, y puede sentirse tranquilo de haber experimentado lo peor.

Capítulo 17

Cómo ser uno mismo otra vez

UNA VEZ AFRONTADAS y aceptadas las perturbadoras sensaciones de una crisis nerviosa, usted se preguntará: «¿Cuánto tiempo me llevará volver a ser yo mismo?» Es muy probable que, a pesar de la nueva perspectiva desde la que contempla su enfermedad, en este momento los síntomas vuelvan a irrumpir y permanezcan activos durante algún tiempo; quizá, al principio, serán tan agudos como antes de leer este libro. Sus nervios productores de adrenalina estarán todavía en un estado de sensibilización y agotamiento durante algunas semanas, a pesar de su nueva actitud.

Después de conversar por primera vez con un enfermo nervioso, a menudo descubro que abandona la consulta con el ánimo alegre, convencido de que está curado, seguro de que ha encontrado por fin la varita mágica; a los pocos días, a pesar de estar advertido, volverá a sentirse desalentado y deprimido. Explico una vez más que los nervios necesitan más tiempo para responder a esta nueva actitud; que él es como un corredor que ha llegado a la meta y ha ganado, pero deberá continuar corriendo algunos metros antes de poder detenerse. Cuando estas personas finalmente comprenden y aceptan esta situación, recobran el ánimo. La decisión de dejar que pase el tiempo obra finalmente el milagro.

Su objetivo es aceptar con serenidad, *a pesar de que la recuperación se demore.* Sin embargo, aunque usted comprenda y trate de aceptar tranquilamente, en principio no le resultará una tarea sencilla. No se desmoralice. En un principio es suficiente con pensar en la aceptación, con el paso del tiempo será capaz de aceptar con tolerancia.

También puede suceder que a pesar de desear fervientemente perder el miedo, usted todavía se sienta atemorizado. Esto tampoco debe desalentarlo. *Cuando usted logre comprender lo que estoy enseñándole, habrá dado el primer paso hacia la recuperación.* En esta etapa es suficiente con perder el miedo. En cuanto usted se decida *a aceptar esas extrañas sensaciones que lo acosan a pesar del temor que le despiertan,* gradualmente dejarán de inquietarlo, porque el mero hecho de tomar la decisión de aceptarlas libera una cierta cantidad de tensión y, por lo tanto, reduce la intensidad de sus síntomas. Usted se sentirá más esperanzado y comenzará a confiar en recuperarse. Finalmente suele desaparecer el miedo.

Obviamente no espero que usted sea capaz de hacer esto sin la ayuda de sedantes. Dos o más dosis diarias pueden actuar como un amortiguador para sus nervios, y su médico puede recetar los que sean adecuados. Es necesario encontrar la dosis correcta para que usted logre tranquilizarse sin aletargarse ni deprimirse. Su médico le ayudará a encontrar el tipo y la dosis apropiada de sedantes. Sin embargo, no siga tomando la dosis aconsejada si le resulta excesiva. Utilice su sentido común. No siempre es fácil encontrar la dosis que se adapte a una persona en particular; de manera que no dude en disminuirla si así lo desea, pero nunca intente aumentarla sin el consentimiento de su médico.

MANTENERSE OCUPADO

Es esencial que usted se mantenga ocupado mientras espera curarse; pero debo advertirle que no debe precipitarse y buscar febrilmente una ocupación para olvidarse de sí mismo. Esto es pretender huir del miedo aunque es imposible alejarse demasiado de él. Le sugiero que se mantenga ocupado mientras afronta sus síntomas y que acepte la posibilidad de que volverán a aparecer de vez en cuando durante el periodo de recuperación. Hay un mundo de diferencias entre esos dos enfoques. Es como si usted detuviera su carrera febril, se relajara y caminara con más calma y pensara: «¡Bien!, dejaré que fluyan los sentimientos, ya que no desaparecerán si intento huir de ellos; en cambio, si los acepto, desaparecerán gradualmente. Mientras tanto, mantendré mi mente ocupada con algún trabajo para no pensar en ellos.»

Cada pequeño periodo a salvo del miedo ayuda a calmar sus nervios para que sean menos sensibles a los estímulos y, progresivamente, sus persistentes sensaciones disminuirán en intensidad hasta que sean únicamente un recuerdo.

RECUPERACIÓN RÁPIDA

Cierta vez escribí a una amiga que estaba ingresada en un sanatorio aconsejándole cómo recuperarse de su crisis nerviosa. Algunos meses más tarde, recibí la llamada de una mujer a la que no conocía, agradeciéndome esa carta que mi amiga le había leído. Esta mujer afirmó que comprendió que estaba curada antes de terminar de leer la carta y que a los pocos días había podido abandonar el sanatorio. Cuatro meses más tarde se sentía totalmente curada y confiaba en no volver a enfermar.

Es posible que se produzca una recuperación rápida; cuando digo que puede usted seguir sintiendo miedo y experimentando los síntomas durante algún tiempo, y que debe estar preparado para dejar que pase el tiempo, no debe interpretar que todos los procesos de recuperación son prolongados. Como ya hemos visto, pueden ser francamente rápidos. Simplemente he querido advertirle que su recuperación puede no ser tan rápida como usted desea, para que no se sienta innecesariamente desalentado. «Dejar que pase más tiempo», significa ser más paciente; sin embargo, intencionadamente no hablo de paciencia, porque para un enfermo nervioso la mera idea de ser paciente supone una imposibilidad. Por este motivo escojo la frase «Dejar que pase más tiempo». La diferencia es sutil pero fundamental. El enfermo puede prepararse para dejar que el tiempo pase, pero puede considerar impracticable el consejo de ser paciente. El simple hecho de mencionar la palabra puede resultar exasperante.

¿Cuán corta es una enfermedad breve? Si el paciente no ha obtenido un tratamiento satisfactorio, yo diría que una enfermedad breve dura alrededor de un año. Una enfermedad que durara unos pocos meses sería muy breve. Si el enfermo recibe el tratamiento adecuado, según mi opinión, el tiempo promedio de recuperación puede ser de tres meses. Algunos pacientes que he atendido se han recuperado después de la primera entrevista. Aunque esto es bastante inusual, sin embargo ha sucedido.

RECUPERACIÓN GRADUAL

El agotamiento físico puede demorar la recuperación pero, incluso en este caso, con una buena alimentación y paz mental, dos o tres meses pueden ser suficientes para que una persona se cure de una crisis nerviosa de cierta gravedad, siempre que no sufra demasiados contratiempos. Cada paciente se recupera según un ritmo personal, y esto depende de su grado de confianza y paz mental. *La fortaleza de una de nuestras extremidades puede depender de la seguridad con que se la utilice.* Cuando usted se convenza de que un pensamiento negativo puede paralizar a algunas personas hasta el punto de postrarlas en cama, comprenderá que el pensamiento dubitativo promueve debilidad. La fuerza física y la recuperación de la confianza trabajan en la misma dirección.

La señora L. había estado asistiendo a un gimnasio semanalmente durante tres años. Los instructores, interesados en el tratamiento de los desórdenes funcionales nerviosos, se preocupaban porque sus clientes no se esforzaran más allá de sus límites e insistían tanto en que la recuperación debía ser gradual, que esta mujer, después de tres años, no tenía demasiada confianza en su propia fuerza y estaba preparada para esperar mucho tiempo más antes de recuperarla.

Después de señalarle que su problema real era la falta de confianza y no la debilidad muscular y de explicarle que debía liberarse de los pensamientos que la paralizaban y fortalecer sus músculos, resultó sorprendida por el progreso conseguido en unos pocos días. Comentó: «¡Estoy asombrada! Pensaba que no podía lograrlo. Parece imposible que un pensamiento negativo haya podido debilitarme tanto.» Recientemente he recibido una tarjeta en la que me decía: «Todavía uso la llave dorada que usted me dio y sigo sintiéndome fuerte.»

De modo que:

- No mire el calendario para controlar el tiempo que tarda en recuperarse.
- Deje que pase todo el tiempo que sea necesario.
- Deje que el ritmo de su recuperación se regule por sí mismo.
- Ocúpese sencillamente de perder el miedo y mantener activos sus músculos.

La mente se queda en blanco, incluso cuando el paciente se siente mucho mejor. Incluso cuando el enfermo se siente mejor su mente puede quedarse en blanco. Se queja de que no puede recordar dónde se dirigía aunque termina por seguir el camino correcto. Dice sentirse como si estuviera soñando, incluso al estar acompañado.

Esto es la sombra de la instrospección, el resultado de vivir interiorizado. No es preocupante; sólo es necesario esperar que pase y, evidentemente, desaparecerá más rápidamente si no se agrega un segundo miedo.

NUNCA VOLVERÁ A SENTIRSE COMPLETAMENTE AGOBIADO

Cuando crea estar curado, ocasionalmente pueden volver a manifestarse aquellas extrañas sensaciones con su intensidad original. No debe usted inquietarse, pues no es extraño que así suceda. Los recuerdos están vivos y las cicatrices son recientes. También es posible que, pensando que no puede haberse liberado realmente de sus síntomas, haya ido usted en busca de estas sensaciones para probarse a sí mismo. Siga adelante, lo que lo ha curado en el pasado continuará ejerciendo su efecto beneficioso a pesar de las recaídas. Acéptelas con serenidad y deje que pase más tiempo.

Cuando haya desenmascarado el fantasma de los «nervios» ya nunca volverá a asustarlo otra vez. Siempre habrá un núcleo interior de confianza y fuerza que lo ayudará a flotar por encima del miedo. Y como esa confianza ha nacido de su propia experiencia, nunca la perderá completamente. Puede usted tropezar, pero YA NUNCA VOLVERÁ A SENTIRSE COMPLETAMENTE AGOBIADO.

Y en tanto pierda el miedo y recupere la confianza, perderá el interés por esas sensaciones, por momentos comenzará a olvidarse de sí mismo y más adelante lo conseguirá durante horas. En este momento lo reclaman intereses exteriores, vuelve al mundo y vuelve a ser usted mismo.

EL PATRÓN DE LA RECUPERACIÓN

La recuperación depende de afrontar, aceptar, flotar y dejar que el tiempo pase. ¿Está aprendiendo este patrón de memoria? Así lo espero, porque debe integrarlo hasta que forme parte de usted mismo. Quiero que lo comprenda absolutamente para que sus pensamientos fluyen en esa dirección cuando dude o se encuentre en dificultades. Si lo aplica correctamente, siempre será su aliado.

Capítulo 18

Las enfermedades nerviosas más complicadas

LOS QUE SUFREN ese tipo de crisis nerviosa caracterizada en los capítulos anteriores no tienen otro problema más que el de encontrar una salida a las sensaciones físicas provocadas por su irritabilidad nerviosa. Sin embargo, existen muchas personas cuya enfermedad se debe a problemas aparentemente sin solución, a una aflicción profunda, a una angustiosa culpa o vergüenza. Las sensaciones físicas de un colapso nervioso son sólo una parte de la enfermedad, y el paciente está tan absorbido por la causa de la crisis, que no presta atención a sus síntomas hasta que están completamente establecidos. Dicha crisis nerviosa es más complicada que una neurosis de ansiedad, aunque ambas tienen mucho en común y no siempre resulta fácil diferenciarlas.

La causa más corriente de una crisis nerviosa complicada es un problema aparentemente irresoluble. Un problema grave es suficiente para iniciar la enfermedad y el paciente retrocede espantado por el mero hecho de pensar en él. Algunas veces su delicada sensibilidad, su honradez o su responsabilidad le impiden aceptar un compromiso que otra persona menos escrupulosa aceptaría. La mayoría de nosotros nos derrumbamos ante un problema angustiante, pero finalmente lo resolvemos o nos comprometemos, si es necesario. La persona amenazada por una crisis nerviosa se enreda cada vez más en los aspectos insoportables del problema y no consigue encontrar ninguna solución.

Cualquiera sea el problema, si reviste la suficiente gravedad como para provocar un colapso nervioso, alarmará a tal punto al que lo padece que llegará a sentir pánico de solo pensar en él. Después de un tiempo empieza a sentir el esfuerzo físico producido por el miedo y la tensión, sus manos sudan, siente náuseas o su corazón late con fuerza. Al principio esto sucede principalmente cuando piensa en su problema o en cualquier detalle relacionado con él; el problema es cada vez más intolerable, puesto que ahora está acompañado por estas angustiantes sensaciones físicas.

Sus días se tiñen del color de su «tragedia». Puede olvidarla por momentos y conquistar cierta alegría que se interrumpe repentinamente al recordar nuevamente su problema. Su corazón se abate como si fuera de plomo. Se siente como un hombre a punto de ahogarse que se hunde en el agua cada vez que intenta salir a la superficie apara respirar. Puede seguir en este estado durante semanas o meses intentando trabajar pero perdiendo gradualmente la alegría de vivir. Finalmente, esto afecta su trabajo y su apariencia y sus compañeros advierten que algo está pasando.

Es posible que el proceso sea gradual; sin embargo, también es probable que se derrumbe rápidamente sin lograr perder de vista el problema y experimentando sucesivos ataques de pánico. En cualquiera de los dos casos, el patrón es el mismo. Cuanto más reverbera en su problema, más miedo siente, y, lo que es más alarmante, los accesos de miedo son cada vez más intensos y se desencadenan ante el menor estímulo.

El sujeto se sume en el desconcierto sin entender lo que ha sucedido, y su vulnerabilidad al sufrimiento aumenta su desconcierto. Cualquier cosa puede provocar un ataque de pánico, incluso algo remotamente relacionado con su problema, y entonces teme incluso echar un vistazo al periódico.

REACCIÓN EXAGERADA AL ESTRÉS

El enfermo no sólo es vulnerable a los miedos que su problema despierta, sino que su reacción a cualquier situación de estrés es cada vez más exagerada, sumiéndolo en un mayor desconcierto. No puede soportar una situación de espera. Su cerebro parece quebrarse. La preocupación se convierte en un dolor de cabeza real, algo más que una mera jaqueca. Se trata de un dolor intenso y punzante que no consigue aliviar. Si debe hacer algo que le disgusta, se verá paralizado por sus emociones y estará muy vulnerable al sufrimiento de otras personas. Una situación triste será trágica para él. Los acontecimientos ordinarios le resultan de una intensidad patética.

La mayoría de nosotros nos inquietamos con más facilidad cuando estamos cansados: si magnificamos esas ocasiones, podremos acercarnos al sufrimiento que supone una tal crisis nerviosa y entender cuán desconcertantes pueden ser.

El enfermo se siente indigno, y cualquier culpa oculta en su subconsciente se hará manifiesta en este momento. Todos tenemos alguna culpa racionalizada que permanece latente pero para un enfermo nervioso es imposible racionalizar una culpa o mantenerla oculta. Tan pronto como un fantasma se desvanece, aparece otro.

Un paciente con estas características acude a su médico con una extensa lista de sufrimientos culposos que el médico intenta calmar con la mejor voluntad sólo para recibir al enfermo con una nueva lista en la siguiente consulta. La culpa puede ser un infierno para alguien cuya conciencia está muy sensibilizada, aunque rara vez es tan importante como imagina el paciente. Ha perdido su capacidad de considerarla objetivamente porque sus reacciones emocionales están muy exageradas y toda su vida se convierte en una culpa.

AGOTAMIENTO

Con el paso del tiempo el enfermo comienza a cansarse, ya que nada es tan agotador como el continuo estrés emocional. Al principio podía sobrellevar su agitación mental, pero gradualmente su mente y sus emociones se fatigan. Ha estado pensando cada minuto del día y sufriendo pesadillas por las noches.

Normalmente no pensamos de un modo continuo, aunque creamos lo contrario. La mayor parte del tiempo nuestro cerebro actúa como un receptor, registrando sonidos e imágenes sin meditar en ellas; en estos momentos descansa.

Autocastigo. Algunos enfermos nerviosos comentan que «aparentemente les gusta autocastigarse». Uno de ellos agregó: «De eso se trata la enfermedad nerviosa, ¿verdad?»

Todavía no he conocido un enfermo nervioso que deliberadamente utilice su enfermedad para autocastigarse. Su sufrimiento puede parecer producido por él mismo debido a que, en su estado de excitabilidad, sus pensamientos, que a menudo expresan temores, son seguidos inmediatamente por síntomas inquietantes. La necesidad de autocastigo puede parecer una interpretación obvia, y de hecho así lo explican algunos terapeutas que llegan a esgrimir razones fantásticas y alientan a sus pacientes a hacer lo mismo.

El autocastigo es sólo aparente. Cuando un enfermo nervioso siente que se está autocastigando, lo que realmente quiere decir es: «A juzgar por mis súbitas e intensas reacciones ante el más vago de mis pensamientos ansiosos parecería como si deliberadamente me estuviera castigando. No puedo encontrar otra explicación.» Si esta persona quisiera castigarse no estaría pidiendo ayuda.

ESCUCHAR NUEVAMENTE LA GRABACIÓN

La persona absorbida por un problema no deja de pensar en él y sólo descansa cuando duerme, en caso de que consiga conciliar un sueño tranquilo, lo que no es muy frecuente. Esta continua preocupación por un pequeño grupo de ideas es como escuchar incesantemente el mismo disco. Al principio el sujeto puede trabajar mientras escucha la grabación, pero gradualmente ésta termina por interferir su trabajo, sus lecturas, su relación con otras personas y finalmente logra controlar su mente; se convierte en su mente. En el pasado el enfermo era capaz de decir: «No pensaré en ello durante un tiempo.» Y lo conseguía. Ahora ya no lo logra a pesar de poner su mayor empeño en quitarse esa idea de la cabeza. Cuanto más lucha, más pendiente está de ella. En otras palabras, *su mente está cansada y los pensamientos se agitan automáticamente.*

LA RANURA

Este incesante flujo de pensamientos ya es suficientemente agotador, y aterrador pero aún surgirá un nuevo y alarmante fenómeno. Anteriormente el sujeto era capaz de pensar en su problema adoptando diferentes puntos de vista, pero ahora ya no es capaz de reflexionar y sólo ve el aspecto del problema que lo ha angustiado en los últimos meses.

Es como si este aspecto del problema hubiera formado una profunda ranura en su mente a través de la cual se deslizan automáticamente todas sus preocupaciones. No está a su alcance analizarlo desde otro ángulo. En cuanto intenta pensar de otra forma surgen las antiguas impresiones acompañadas por emociones tan exageradas que desvanecen los demás pensamientos. Esta reacción emocional es tan veloz que podríamos decir que es casi un reflejo.

El sujeto comienza a estar realmente alarmado porque está convencido de que empieza a enloquecer. Debe ser una experiencia terrorífica enfrentarse sin recursos a los propios pensamientos. Un paciente explicaba que su mente era como un corcho a merced de las corrientes.

Ya he mencionado ese dolor que forma una apretada banda alrededor de la cabeza y se intensifica al ocuparse del problema. Este dolor dificulta el pensamiento, que se torna confuso y lento.

Ilustraré este tipo de crisis nerviosa describiendo el caso de un hombre de mediana edad que acudió a mi consulta. En un chequeo general, su médico había descubierto que su tensión era muy alta y le había comunicado que probablemente moriría a causa de un ataque. Así describió el paciente aquella conversación. El hombre estaba tan aturdido que, con el fin de no expresar mucha preocupación, sólo le hizo unas pocas preguntas. De camino a casa se sintió muy confundido, y en vez de contárselo a su mujer terminó por obsesionarse con el tema. Este hombre estaba a punto de hacerse cargo de un trabajo muy importante que requería algunos años de dedicación, pero ahora le parecía que ese puesto no valía la pena. Se encontraba perdido en un triste dilema: ¿Para qué iniciar un proyecto laboral si estaba amenazado de muerte por su tensión? Sin embargo, ya se había comprometido. Estaba tan estresado y preocupado que, cada vez que pensaba en la posibilidad de morir, surgían las perturbadoras sensaciones que ya hemos mencionado.

Cuando acudió por primera vez a la consulta se encontraba en un estado lamentable. Solicité a su médico que describiera lo que se había dicho en aquella entrevista, con el fin de ayudarnos a comprender un poco más la situación. El médico estaba sorprendido por el resultado de sus palabras. Ciertamente había mencionado un ataque, pero lo único que había querido decir era que, cuando a este hombre le tocara morir, probablemente sería a causa de un ataque. Al médico le parecía increíble que el paciente hubiera malinterpretado tan fácilmente sus palabras y que le hubieran afectado tanto. Él no hacía más que decir: «¡Pero era una persona tan juiciosa!» Todos lo somos cuando nos preocupamos por la salud o los problemas de los demás. No obstante, es diferente cuando se trata de nosotros mismos y nos dan malas noticias de una forma que nos conmociona intensamente y nos lleva a malinterpretarlas.

Le expliqué todo esto al paciente y pensé que se sentiría prontamente aliviado. Nada más lejos de la realidad. Volvió a verme y me comentó: «Doctora, probablemente piense que soy un cobarde y un tonto pero el caso es que comprendo todo lo que usted dice pero no puedo meterlo aquí», señaló su frente y continuó: «Parece como si mi mente se hubiera quedado bloqueada con el tema del ataque. Me sentiría muy aliviado si algo se modificara en mi cabeza y fuera capaz de pensar como deseo hacerlo; pero no es lo que me sucede ahora, ya que siento horror cada vez que pienso en un posible ataque y estoy obsesionado con esta idea. Sólo tengo que leer algo remotamente conectado con la tensión sanguínea para reaccionar de esta forma.»

Se sentía demasiado agotado para elevarse por encima de sus exageradas reacciones producidas por su agotamiento mental y emocional.

Miedo de morir. Y ahora comentaré el caso de un hombre mayor a quien debían operar de la garganta. El cirujano le explicó que si se operaba podía prolongar su vida tres o cuatro años. El hombre preguntó: «¿Cuánto viviré si no me opero?

El cirujano respondió: «Unos seis meses.» «Entonces elijo los seis meses», dijo el paciente. «Si voy al hospital, perderé mi habitación en la pensión y hoy en día son muy difíciles de encontrar.»

Recuerdo haber mirado a este hombre con estupor; sin embargo, el cirujano, que también era una persona mayor, no evidenció sorpresa alguna. Se dirigió a nosotros —su grupo de alumnos— diciendo: «Ésta es la filosofía de la edad madura.» En aquel momento comprenderlo no estaba dentro de mis posibilidades. Actualmente lo entiendo muy bien.

La juventud y la mediana edad están hechas para la vida activa y no deberíamos privarlas de ninguno de sus goces por el temor de algo que, cuando llega, puede ser bienvenido o, al menos, no rechazado.

Por lo tanto, no importa la edad que tenga usted, viva cada día y proyéctese siempre hacia el futuro. Si a los noventa necesita una nueva vajilla para el té, cómprela. No piense: «No la compraré porque ya es demasiado tarde.» Si dispone de un rato libre, disfrútelo hasta el último minuto. Los días por venir cuando usted ya no esté aquí no podrán preocuparlo.

Ocúpese únicamente de disfrutar sus días al máximo y nunca se deje dominar por el miedo a la muerte, cualquiera que sea la forma en que imagine que le va a acontecer.

PÉRDIDA DE CONFIANZA

En esta etapa de la crisis nerviosa el paciente pierde la confianza en sí mismo. Hasta un niño podría guiarlo. Los últimos meses se han consumido en una «ambivalencia interminable entre dos caminos». De modo que tomar una decisión, incluso sobre cosas sin importancia, requiere un esfuerzo hercúleo que no se siente capaz de sostener más que por unos breves momentos. Decidir si sale a la calle con un paraguas o si lo deja en casa, puede constituir un gran problema. El paraguas le ocupará una gran parte de su tiempo. Sería deseable que lloviera para solucionar la situación.

Sin embargo, esta persona intenta constantemente probar que es dueño de sí mismo y no el cobarde que comienza a sospechar que es. Se somete a diferentes pruebas de paciencia y cada vez se siente más obligado a demostrarse que puede hacer «esto o aquello». Se dice: «Seré capaz de hacerlo. Esto no me hará perder lo mejor de mí.» Y logra hacerlo, pero a expensas de su energía nerviosa y, por lo tanto, sus esfuerzos son efímeros, y a menudo es criticado por sus amigos. En su estado de sobreexcitación considera que sus amigos asumen una actitud más crítica de lo que es habitual.

TRAMPAS DE LA VISIÓN

El paciente se queja de trastornos de la visión: los objetos aparecen borrosos y entre sombras. Para remediarlo parpadea y desvía sus ojos repetidamente. Puede ver algunos objetos como si estuvieran cubiertos por una neblina como la que suele verse en verano sobre el asfalto caliente de la carretera; o puede ver cómo se mueven espasmódicamente los objetos cuando los mira de reojo. La luz brillante irrita sus ojos y se ve obligado a protegerse con gafas de sol. Sus gafas graduadas deben ser constantemente revisadas y modificadas, y le resulta difícil encontrar unas que le resulten cómodas. Esto no debe sorprendernos ya que su visión, por estar relacionada con su tensión nerviosa, puede variar en cada revisión.

RUIDO

Los nervios auditivos, sobreexcitados por el agotamiento, plantean trampas similares. El suave contacto entre una cuchara y un plato puede hacer que el paciente se sobresalte. La televisión puede llegar realmente a enloquecerlo, y aunque sea capaz de tolerar el ruido, su cerebro cansado tiene dificultad para concentrarse en lo que está viendo por más de algunos segundos, y la mayoría de las veces se interioriza de tal forma que no consigue seguir el diálogo. Es como si el actor moviera su boca sin emitir sonido. Esto resulta una visión enervante, para decirlo de una manera suave, y el enfermo termina por retirarse del círculo familiar e interiorizarse aún más.

Es posible que la incapacidad para comprender lo que le sucede sea en este momento más alarmante que el propio conflicto o problema original que podría haberse solucionado. El paciente caminará de un lugar a otro cabizbajo, interiorizado en sus pensamientos intentando encontrar una salida para su pesadilla. Pero ninguna solución es permanente, ninguna le parece adecuada durante mucho tiempo.

Precisamente en esta etapa es posible que la vida presente más contratiempos, problemas familiares, preocupaciones financieras o quizá triviales experiencias que llegan a exasperarlo.

Por ejemplo, un paciente fue invitado a salir al campo de vacaciones. Al llegar, encontró a los pies de su cama un dibujo del autorretrato de Van Gogh con la oreja cortada; desgraciadamente sabía que Van Gogh se había automutilado en un ataque de locura. Permanecer en la misma habitación con ese cuadro le resultaba imposible. ¿Pero cómo pedir que lo retiraran de allí? ¿Cómo decir que estaba aterrorizado de volverse él mismo loco y que no podía soportar que se lo recordaran cada vez que entraba en su habitación? Esas eran unas vacaciones destinadas a calmar sus nervios; quizá hubiera tenido una oportunidad si aquel retrato de Van Gogh no hubiera estado allí.

Una paciente se marchó de vacaciones a la playa durante algunas semanas. El primer día que bajó a la playa vio un grupo de mujeres sentadas junto a la orilla mirando distraídamente el mar. Allí las encontró cada día. Tenían una apariencia extraña, como si estuvieran fuera de este mundo, y eso la llevó a preguntar quiénes eran aquellas mujeres; la respuesta fue que eran unas enfermas de un asilo mental de la ciudad que estaban de vacaciones. De todas las épocas del año habían tenido que elegir precisamente aquélla. Esas mujeres parecían seguirle los pasos a través de la pequeña aldea y la paciente no podía evitar ver una representación incorpórea de sí misma caminando detrás de ellas.

LA FAMILIA SE SIENTE AGOTADA

Cuando el paciente comienza a observar que los miembros de su familia, uno tras otro, comienzan a agotarse y a desesperar, se siente invadido por una nueva ansiedad. Los familiares empiezan a sentir los efectos del esfuerzo que supone alternar de un estado de esperanza a otro de desesperación. Alguno de ellos se siente tentado de decirle al paciente algo que lo perturbe o lo angustie. Una mujer que acudió a su marido para decirle que creía estar volviéndose loca, recibió la siguiente respuesta: «Bueno, hay muchos sitios para encerrar a la gente a quien le pasa esto.» En verdad era un marido excelente, pero sus nervios estaban tan alterados por el constante esfuerzo de ayudarla y aplacarla y de reprimir lo que «no debía decir», que casi ni se enteró de lo que estaba diciendo, pero no pudo haberle hecho más daño.

DEPRESIÓN

La depresión nace del agotamiento emocional. Si aparece súbitamente igual que una fuerte sensación física, puede ser una experiencia aniquilante y es difícil de creer que el mundo es un buen lugar para vivir, que la recuperación es posible y que merece la pena intentarlo. El paciente rara vez comprende que se trata de otra expresión de su extremo agotamiento. Nuestro estado de ánimo nos implica de tal manera que nos resulta difícil considerarlo desapasionadamente. Cuando el mundo parece negro, no es sencillo decir: «Soy yo el que estoy con el ánimo sombrío; no el mundo.»

La lucha se torna cada vez más desalentadora cuando la depresión y la apatía se apoderan del sujeto robándole su deseo de recuperarse. Cada momento significa una tortura; incluso el mero hecho de peinarse puede representar un esfuerzo físico y espiritual insoportable. De modo que el enfermo comienza a descuidarse.

AGITACIÓN

Esta persona se encuentra ahora agotada más allá de lo que es capaz de soportar y, sin embargo, no puede descansar. Sus nervios fatigados se han convertido en nervios irritados, de modo que se siente impulsada a hacer las cosas deprisa, aunque con dificultad puede arrastrar su cuerpo cansado. Desea descansar, pero cuando lo intenta la asaltan todos los demonios de la tortura. ¿Qué puede hacer? ¿Dónde puede ir? Su ánimo pasa de la depresión a la reacción histérica, y por momentos puede encontrar alivio en las lágrimas.

En esta etapa puede empezar a desarrollarse una obsesión.

OBSESIÓN

La obsesión es una de las más alarmantes manifestaciones de un colapso nervioso y, más que ningún otro síntoma, convence al paciente de que está en vías de enloquecer. Y sin embargo, un enfermo nervioso puede desarrollar una obsesión de una manera muy simple. La mayoría de nosotros tenemos una pequeña obsesión o quizá dos; por ejemplo, la mujer que al salir de casa debe regresar para comprobar si ha cerrado los grifos o las bombonas aunque sabe perfectamente que lo ha hecho antes de salir.

La obsesión que se desarrolla a partir de una crisis nerviosa está caracterizada por una acción o pensamiento compulsivo que siempre resulta desagradable, incluso puede asustar a su víctima. Por ejemplo, un paciente que temía sufrir un ataque desarrolló una obsesión muy grave. Cuando se inclinaba hacia delante, la sangre le subía a la cabeza con tanta fuerza que invariablemente pensaba que sufriría un ataque. Cuanto más intentaba no pensar en ello, menos lo conseguía. Algunas veces incluso pronunciaba la palabra «ataque» en voz alta. Cuando se instalaron nuevos interruptores de la luz en su casa, ordenó que los colocaran a una altura determinada para no tener que agacharse.

Una enfermera que tenía dos bebés a su cargo no podía pasar junto a una ventana en el hospital sin sentir la urgencia de arrojar por la ventana al que llevaba en sus manos. La lista es larga y no nos reportaría grandes beneficios explicarla en detalle. Si usted sufre obsesiones, lo único que tiene que hacer es comprender por qué han aparecido y aprender a solucionarlas.

La mayoría de nosotros conoce la dificultad de hacer desaparecer una secuencia de pensamientos de nuestra mente cansada. En este estado la mente pierde flexibilidad y los pensamientos se fijan en vez de fluir. En otras palabras, la obsesión de un enfermo nervioso está motivada por una autosugestión no deseada que, al surgir en un momento en que las emociones están exageradas, provoca una impresión tan abrumadora que termina por constituirse en una obsesión.

Quien no haya experimentado una crisis nerviosa puede creer que estoy pintando un cuadro innecesariamente lúgubre. Puedo asegurar que la descripción no es exagerada. El motivo que me lleva a exponer cada detalle es simple. Este libro está dirigido principalmente a quienes tienen «los nervios alterados» o sufren una crisis nerviosa, y puede ser una revelación para ellos aprender que sus misteriosos y desconcertantes síntomas no son más que los de una crisis nerviosa y que muchas otras personas los han experimentado antes que ellos. Para dichas personas, su cuerpo ha sido una caja de Pandora llena de sorpresas desagradables y han vivido bajo el temor de lo que pudiera pasarles. Cuando la caja está abierta delante de ellos y comprenden lo que deben afrontar, pierden gran parte de su terror.

TRATAMIENTO CON ELECTROCHOQUE

Si el paciente obsesionado y deprimido no ha consultado a un psiquiatra, la familia insiste en que debe hacerlo y someterse a un tratamiento con electrochoque. La simple mención de estas palabras resulta terrorífica; sin embargo, a pesar de su nombre, es a menudo un tratamiento efectivo para este estado y puede ofrecer un rápido alivio. El electrochoque no se debe aplicar hasta que se hayan descartado otros tratamientos. Después de esta prueba la mayoría de los pacientes se olvidan temporalmente de sus problemas, no se preocupan con tanta insistencia de sí mismos y parecen mejorar en gran medida excepto por el hecho de que también olvidan acontecimientos actuales y pasados y pueden mostrarse ligeramente confusos durante el tratamiento e inmediatamente después del mismo.

No comprendemos cómo funciona el electrochoque, pero sabemos que, al ayudar al enfermo a olvidar sus problemas, se quiebra el ciclo de preocupación-tensión-preocupación. Por ejemplo, una mujer que se quejaba constantemente de su estómago revuelto, después de unos pocos tratamientos de electrochoque comunicó a su médico: «Tengo una extraña sensación en el estómago. No es preocupante, pero pensé que debía decírselo por si la causa fuera el electrochoque.» Había olvidado que esa sensación la había acompañado durante semanas y que, sólo unas semanas atrás, había expresado que era insoportable.

El principal objetivo de este libro es enseñarle a que se cure *sin tener que recurrir a un tratamiento con electrochoque,* y lo hago por las siguientes razones:

1. Cuando una persona se cura por medio de un tratamiento de electrochoques no llega a comprender cómo se ha curado. Por lo tanto, puede volver a sufrir un colapso similar en el futuro, y al no ser

capaz de liberarse por sí mismo, nuevamente necesitará un electrochoque. Todos somos vulnerables a lo que tememos, y algunas personas que han pasado por esta experiencia temen que la crisis nerviosa reincida y sea necesario repetirla. Vivir con miedo, aunque esté sumergido en el subconsciente, no favorece la relajación. Dicha persona se encuentra en un estado más o menos constante de tensión subconsciente que no le permite superar futuras dificultades. Además, un paciente que ha recibido un electrochoque, antes o después conoce a algún entrometido que «sabe perfectamente todo lo referente a este tratamiento» y que le comunica que «una vez que se ha pasado por un electrochoque, siempre se vuelve a él». Esta observación, lejos de ser real, cae en un terreno favorable, porque el paciente ya sospechaba esa posibilidad. Muchas personas que han recibido este tratamiento desean, en lo más profundo de su corazón, haberse recuperado sin haber tenido que recurrir a él. Advierten que si así hubiera sido hubieran tenido conciencia de las diversas fases de la recuperación y conocerían el camino hacia la salud en cuyo caso hubieran perdido el miedo de volver a enfermar. Cuando una persona conoce el camino de regreso pierde el miedo de volver a enfermar. En vez de sentir aprehensión, siente una confianza indestructible. *Sabe cómo entrar, pero también cómo salir.*

2. Mientras se cura por sus propios medios, el enfermo puede plantar cara a la debilidad de su

> carácter que ha contribuido a provocar su crisis, y de este modo será capaz de superarla. Cuando logra curarse se siente más humano que antes. El paciente curado por tratamiento con electrochoque se recupera, pero no disfruta de la satisfacción de haber alcanzado un logro de forma autodidacta.

De ninguna manera subestimo el valor de este tratamiento para ciertos pacientes. Verdaderamente, cualquier persona que se sienta incapaz de seguir las instrucciones de este libro no debería angustiarse si su médico le aconseja un tratamiento con electrochoques, porque de cualquier modo puede aplicar estos consejos después de haber realizado el tratamiento.

Quien haya recibido electrochoques en el pasado y en la actualidad se encuentra recuperado, seguramente encontrará en este libro algo que lo ayude. Podrá explicarse ciertos misterios, clarificar el origen de su crisis nerviosa y quizá descubra cómo se podría haber curado por sí mismo sin tener que pasar por esta prueba. También aprenderá a evitar futuras crisis y de este modo recuperar la confianza que necesita. Pero deseo destacar que si está atravesando por una crisis nerviosa y, después de leer este libro, decide recuperarse sin recurrir a un electrochoque, debe saber que es posible hacerlo, independientemente de cuán enfermo esté. Al principio puede parecer difícil, pero con el paso del tiempo llegarán los éxitos, aumentará su confianza y con ella alcanzará la seguridad.

Probablemente se haya usted reconocido, aunque sólo sea parcialmente, en esta descripción. Es posible que usted atraviese por dificultades que no se mencionan aquí, pero el principio del tratamiento que se describe en los próximos capítulos ofrecerá una respuesta también para sus dificultades.

Capítulo 19

Cómo curar las enfermedades nerviosas más complicadas

Aunque las crisis nerviosas originadas por problemas reales, aflicción, culpa o vergüenza normalmente hacen que un paciente atormentado acuda al médico con síntomas complicados, para curarlos se utiliza el mismo plan esencial de tratamiento que se ha indicado para el tipo más simple de crisis nerviosas, principalmente:

- Afrontar.
- Aceptar.
- Flotar.
- Dejar que el tiempo pase.

Cada una de las causas principales de la crisis —problemas, aflicción, culpa y vergüenza, y sus efectos secundarios como la obsesión, el insomnio y la depresión, etc.— se tratarán en un capítulo aparte.

Antes de ocuparnos del tratamiento se deben leer las siguientes condiciones para la cura y debe existir un compromiso de obedecerlas.

1. Siga las instrucciones con absoluta entrega, ya que un intento ambiguo resultaría inútil.

2. Nunca se desaliente completamente por un aparente fracaso. *No importa cuán serio sea un fracaso, su gravedad dependerá de la actitud que usted asuma. La decisión de aceptar y seguir adelante permite hacer de cualquier fracaso un éxito. No existe un «punto sin retorno» en una crisis nerviosa.* Tras un día de gran desesperación puede haber un día de esperanza, y *justo en el momento en que piense que no es posible estar peor, puede iniciar el camino hacia la recuperación.* Sus emociones son tan variables ante una crisis nerviosa, que no debe dejarse impresionar por su animo sombrío, y *nunca debe desmoralizarse completamente.*

3. No debe sentir autocompasión. Repito que *no debe compadecerse de sí mismo.* No debe dramatizar ese «terrible estado». No debe pensar en lo poco que lo comprende su familia, en que ellos ignoran cuán pesado es este sufrimiento. La autocompasión consume energía y tiempo y aleja a quienes estarían dispuestos a ayudarlo en otras circunstancias. Si es sincero consigo mismo, admitirá que parte de su autocompasión es orgullo: un orgullo que ha soportado durante mucho tiempo. De esto debería sentirse orgulloso, y el reconocimiento de su tolerancia le dará la confianza necesaria para aproximarse a este nuevo método de tratamiento. Cuando hablo de autocompasión, algunos pacientes me miran sin comprender; ni siquiera se les había ocurrido autocompadecerse, pues estaban muy ocupados con su desconcierto.

Sin embargo, hay otras personas que saben exactamente lo que quiero decir.

4. No debe uno lamentarse y suspirar diciendo «Si hubiera...». Lo que ha pasado, si no tiene solución, ya ha pasado y está concluido. El presente y el futuro deben ser su principal preocupación. La vida está por delante de modo que recuerde: ya no más «Si hubiera...». Un hombre acudió a mi consulta contándome una historia triste llena de «si hubiera...». Por todos los medios intenté convencerlo de que debía dejar de lamentarse, aceptar el pasado y planificar el futuro. Pero él seguía diciendo: «pero si hubiera...» En vano traté de hacerle comprender que debía encontrar una ocupación para reconquistar la estabilidad, pero él insistía que estaba demasiado agotado y también demasiado agobiado por sus problemas, el más importante de los cuales era que su mujer lo había abandonado y se había marchado a vivir al campo. Durante el tiempo que duró el tratamiento ella volvió a la ciudad y le preguntó si ya estaba trabajando. Es posible que si la respuesta hubiera sido afirmativa, ella hubiera vuelto con él. Al día siguiente me comentó: «¿Doctora, recuerda que me aconsejó conseguir un trabajo? Estoy seguro de que si lo hubiera hecho, mi mujer hubiera vuelto a casa. Si la hubiera escuchado...» Otra vez insistía con lo mismo.

Probablemente no sea necesario agregar nada más para convencerlo de que el camino siempre está por delante, ¿verdad? Siempre se quejará usted y pensará «si hubiera...»; eso es humano, pero evite tener que lamentar haber entorpecido su propia recuperación.

De modo que:

- Siga las instrucciones con convencimiento.
- Nunca se desmoralice completamente ante un fracaso.
- No se autocompadezca.
- No se lamente ni repita «si hubiera...».

Capítulo 20

Problemas

SI ALGÚN PROBLEMA angustioso le ha producido un estado de avanzado agotamiento mental y emocional, usted probablemente habrá advertido que no tiene mucha esperanza de tomar decisiones duraderas en relación con su problema y que le es preciso solicitar ayuda. Es posible que intente forzarse para hacerlo —a expensas de consumir una gran cantidad de energía nerviosa— sin llegar a ser capaz de mantener ninguna decisión por mucho tiempo y en su lugar cambiar casi constantemente de opinión. En un momento pensará que tiene todo resuelto y se sentirá satisfecho, aunque quizá sólo una o dos horas más tarde, nuevos aspectos del problema anulen la decisión tomada.

Este trabajo puede resultar agotador. Es posible que busque a tientas entre sus pensamientos mientras se encuentra una y otra vez envuelto por una ola de pánico. O tal vez sus pensamientos hayan llegado a una etapa de estancamiento y no le resulte posible meditar la solución del problema. Es esencial que usted busque ayuda, que encuentre alguien con quien conversar de sus problemas y que le ayude a encontrar un punto de vista estable para analizarlos. Sólo entonces su mente cansada podrá tranquilizarse.

QUIZÁ NO DEPENDE COMPLETAMENTE DE USTED

Es como si usted tuviera tamporalmente que utilizar la mente de quien lo ayuda como si fuera la suya, hasta que consiga recuperarse del agotamiento mental que padece. Éste es un excelente ejemplo de lo poco verdaderas que son las conocidas y complacientes palabras: «Todo depende de ti» y «Tu recuperación está en tus manos, tú decides». *Su recuperación quizá no esté en sus manos. Es probable que necesite ayuda.* Cuando se lo expliqué a una atormentada mujer, rompió a llorar y me dijo: «Por favor no haga caso de mis lágrimas. Me siento muy aliviada al escucharla decir que necesito ayuda. No tengo fuerzas para ayudarme a mí misma y todos insisten en que mi recuperación depende de mí y que ninguna otra persona pude realmente ayudarme. Me he sentido tan desesperanzada que ahora me parece imposible escucharla decir que necesito ayuda. Esto me proporciona un gran alivio.»

No debe usted sentirse avergonzado ni desalentado si necesita que alguien lo ayude. Una pierna herida puede necesitar una muleta, ¿por qué no una mente cansada y en crisis? Es preciso elegir cuidadosamente a la persona a quien va a pedir ayuda. Probablemente no sea el más cercano de sus amigos sino el más sabio. Usted está tan susceptible que un consejo incorrecto podría ser aún más perturbador y arruinar la recuperación. Es muy tentador elegir al confidente que esté más cerca. Seguramente habrá advertido con qué prontitud confía usted en un extraño. Una mujer lo expresaba de la siguiente forma: «Me siento avergonzada porque me descubro abriendo mi alma a los tenderos de mi barrio y no creo que eso sirva para mucho.» Intente no hablar con demasiadas personas porque recibirá diferentes opiniones y, como resultado, se sentirá más confundido. Elija a alguien cuya opinión le merezca respeto y converse únicamente con él o con ella.

Si no tiene un amigo en quien confiar, puede hablar con su médico o con un sacerdote. Si elige un confidente religioso, asegúrese de que no se crea en la obligación de hacerle tomar conciencia de su culpa. Probablemente usted ya la conoce demasiado bien e incluso es probable que se autocastigue con resultados calamitosos. En este momento usted necesita consuelo y no castigo.

ACEPTE EL NUEVO PUNTO DE VISTA

Después de conversar con un consejero elegido cuidadosamente debe usted prepararse para aceptar, al menos durante un tiempo, la solución o el compromiso que han encontrado juntos. No espere una solución perfecta. Cuando se encuentre bien puede modificarla si así lo desea; le resultará más sencillo hacerlo en ese momento. En esta etapa es esencial que *usted dé fin a sus interminables reflexiones y se adhiera a un punto de vista para dar descanso a su mente cansada.* La solución a la que hayan llegado *debe ser aceptable para usted.* No hay nada más frustrante que intentar seguir ciegamente un modelo que no se acepta de corazón. De manera que no persevere con una solución que interiormente sienta que no es correcta. No se puede encontrar la paz por ese camino. Es esencial que la nueva alternativa cause un mínimo de miedo y dolor; un buen consejero lo sabe. Solicítele que lea este libro para que comprenda lo que se espera de él.

Hablar del nuevo punto de vista ayudará a que se grabe en su mente. También puede pedirle a su amigo o amiga que lo escriba de la forma más simple posible para que usted pueda leerlo cuando se encuentre solo. Repito, *aceptar un solo punto de vista representará un apoyo para su mente cansada.* Lo liberará de una actividad mental incesante y del consecuente agotamiento mental y emocional. Es probable que no pueda aceptar este nuevo enfoque sin sentir dolor, pero hacerlo es la única forma de tener un respiro y conseguir algo de paz.

Discutir su problema con otra persona quizá signifique que usted se esfuerce a exponer algo, cuyo mero pensamiento produce tales paroxismos de miedo que probablemente se sienta incapaz de confiar en su consejero. No cometa el error de forzarse ni de luchar por conseguirlo, pues de esta forma terminará agotado. Utilice el patrón de la recuperación que ya he mencionado y *flote hacia allí.* ¿Recuerda la mujer que no era capaz de entrar en una tienda hasta que aprendió el truco de flotar? Siga su ejemplo e imagine que está flotando. Esto parece mágico. Como ya he explicado, por el mero hecho de pensar en flotar el subconsciente se relaja y, como consecuencia, se afloja la tensión que inhibía la acción. De modo que no luche por conversar con su amigo, flote hacia él. Además, intente *que todos sus pensamientos negativos se alejen flotando de su cabeza.*

LA BANDA DE HIERRO

En esta etapa es posible que por el mero hecho de hablar de su problema e incluso pensar en él, dará como resultado que los músculos del cuero cabelludo estén tensos y sienta usted esa banda de hierro de dolor alrededor de su cabeza. No se deje abatir. Aún puede pensar, *si está preparado para aceptar el dolor y relajar al máximo los músculos de su cabeza.* Puede que piense usted con gran lentitud, y a causa de ello se sienta confuso; pero si acepta los pensamientos lentos y la confusión no sentirá pánico. No luche contra ellos; si se relaja con aceptación, descubrirá que aún es capaz de pensar con corrección, aunque lo haga muy lentamente. *Su cerebro funciona de este modo debido al dolor, al miedo y al agotamiento, pero finalmente recuperará su estado normal.*

RETORNAN LOS VIEJOS MIEDOS

Mientras discute sus problemas con su confidente tal vez se sienta aliviado y crea que está curado, especialmente si es la primera vez que recibe ayuda. Es posible que esta persona le esté ofreciendo un apoyo correcto y le haya brindado una solución satisfactoria a su problema, eliminando su sufrimiento. Una simple confesión puede curar cuando los problemas en cuestión necesitan ser confesados.

Sin embargo, si ha sufrido durante meses y ya ha pasado por otras conversaciones o confesiones, el alivio que siente al hablar nuevamente de sus problemas puede ser temporal. Sus nervios están aún agotados y pueden hacerle trampas. Usted puede creer que ya ha resuelto sus problemas con su consejero, pero cuando está a solas otra vez, surgen algunos aspectos insospechados de los que no han hablado y usted vuelve a experimentar reacciones exageradas y alarmantes que lo sumen en un estado de pánico.

Quizá descubra que después de haber estado razonando con su amigo o amiga, y de atenerse a ese razonamiento durante algún tiempo, sus miedos vuelven a aparecer y usted pierde la confianza en el nuevo punto de vista. No se desespere, es frecuente que así suceda. Después de todo, ha pasado mucho tiempo considerando el problema desde una alternativa angustiante, y sería un verdadero milagro que esa idea no retornara puesto que se ha convertido en su patrón habitual.

Ante la reincidencia de ese viejo punto de vista acompañado por los síntomas que tanto le inquietan, acuda nuevamente a su amigo en busca de consejo. En realidad, deberá visitarlo con frecuencia hasta que sea capaz de adherirse firmemente a la nueva alternativa.

Como ya he mencionado, sería de enorme ayuda que su consejero tomara ciertas notas para usted. Yo lo hago para mis pacientes y, si lo considero necesario, solicito su consentimiento para enseñar mis notas a algún miembro de su familia con el fin de enseñarle cómo ayudar al paciente. Algunas veces entreno al miembro de la familia que se ha mostrado más desconsiderado haciendo más difícil la vida de mi paciente.

De este modo convierto un obstáculo en una ayuda. Es sorprendente lo entusiastas que pueden mostrarse estas personas cuando creen obtener la confianza del médico y se les solicita que colaboren en el tratamiento. Pasan de criticar al médico a respetarlo.

VISLUMBRANDO EL NUEVO PUNTO DE VISTA

Si después de haber obtenido ayuda de su amigo o quizá de algún miembro de la familia, sólo es capaz de tener en cuenta el nuevo enfoque del problema durante unos pocos minutos al día, no se desaliente. *Si lo vislumbra simplemente durante un fugaz instante al día, habrá comenzado a considerar que es posible.* Finalmente, mediante la práctica, logrará mantenerlo durante periodos más prolongados hasta terminar por aceptarlo.

Lo ilustraré con la historia de la mujer de un granjero. Había vivido feliz con su marido e hijos en una pequeña granja cerca de la cual vivían unos buenos amigos, hasta que enfermó de neumonía. Durante su convalecencia los niños fueron enviados a un internado y sus amigos se cambiaron de casa, de manera que esta mujer se encontró de pronto sola y sin empleo cuando más necesitaba compañía y una ocupación. Sus días en la granja se tornaron tristes.

Si hubiera advertido que sus problemas eran la expresión de un agotamiento producido por la neumonía, se hubiera ahorrado mucho sufrimiento. Sin embargo, se sintió confusa y atemorizada por su estado y, aconsejada por una amiga, visitó a un psicoanalista. Su elección no fue afortunada. Fue tratada de un modo inexperto, y salieron a la luz una extraña colección de pequeños y patéticos complejos de culpa, tal como hubieran surgido de cualquiera de nosotros si nos hubieran tratado de la misma manera. El analista se ocupó en exceso de estos sentimientos de culpa y, obviamente alentada por él, también lo hizo la paciente, hasta el punto de encontrarse con un montón de problemas por resolver. Se tornó aún más aprehensiva, se deprimió más y desarrolló una crisis nerviosa muy prolongada.

No podía entender por qué esa casa que tanto había amado y donde había sido tan feliz podía ahora alterarla de tal forma que casi le resultaba imposible pensar en ella. No quería que su esposo se sintiera obligado a venderla en ese momento porque hubiera sido un error financiero. Ella decía: «Sólo quiero vivir feliz en casa, pero esto no parece estar a mi alcance. ¿Qué me ha pasado? Parezco otra persona.» Comentaba que tan pronto como se acercaba a la granja una ola de revulsión la obligaba a huir. Le expliqué que estaba considerando la situación desde dos puntos de vista conflictivos. Primero, veía la granja como el lugar donde acababa de sufrir una profunda depresión, y el recuerdo era tan vívido y amenazador que estaba convencida de que algo semejante, o aún peor, le sucedería en cuanto entrara en la casa. En segundo lugar, y simultáneamente, veía la granja como el lugar donde había vivido feliz en el pasado y donde quería vivir otra vez.

Le aclaré que debía poner delante de sus ojos una película en la que ella vivía alegremente en su casa, y que debía ser capaz de que el tiempo pasara hasta que la película se hiciera realidad. *Sólo gracias al paso del tiempo desaparecería el recuerdo de su sufrimiento.* Hasta entonces no podía esperar recuperar la alegría. Podría disfrutar de momentos agradables, pero *únicamente el paso del tiempo le traería la felicidad continuada haciendo desaparecer el recuerdo de su desdicha.*

Mientras tanto debía encontrar alguna ocupación y dejar que cada día pasara *sin observar sus propias reacciones ni analizar sus sentimientos.* Los sentimientos presentes y los que correspondían al futuro inmediato seguramente se mezclarían, tornándose inciertos y dolorosos tal como el pasado reciente, ¿por qué dejarse impresionar por ellos? Debía prepararse para vivir los siguientes meses flotando gradualmente hacia su meta. *El deseo de vivir feliz en su casa era una base suficiente.* Le expliqué que por «flotar» quería decir dejar pasar el tiempo y no ansiar una pronta recuperación. Debía intentar deshacerse de los recuerdos dolorosos, de su autosugestión destructiva, y flotar lejos de su cabeza.

No es aconsejable que las personas deprimidas permanezcan solas durante mucho tiempo, y por ello aconsejé a esta mujer que bajara con frecuencia a la ciudad y que invitara a alguna amiga mientras esperaba que el nuevo enfoque para su problema terminara por convencerla. Es de inestimable ayuda para un enfermo nervioso escuchar a otra persona caminar por la casa.

COMPROMETERSE CON EL NUEVO PUNTO DE VISTA

Si desea olvidar un punto de vista inquietante, encuentre un sustituto aceptable y, cuando lo haya hecho, *comprométase con él.* Si cambian las circunstancias puede consultar con su consejero a menos que se encuentre lo suficientemente bien como para realizar ajustes por su cuenta. Si tiene alguna duda, busque ayuda nuevamente para no dejarse atrapar por el viejo hábito de pensamiento que lo hace modificar su opinión con excesiva frecuencia.

En esta etapa no es necesario tomar decisiones por cuenta propia, ya que no se beneficiará al intentarlo. Pero, por encima de todo, *no pierda tiempo angustiándose porque no puede asumir una decisión definitiva.* Acepte que esto se debe al agotamiento, y en cuanto se haya recuperado será más capaz que nunca de tomar resoluciones después de esta experiencia. Insisto, no es importante que tome decisiones ahora. Lo único efectivo es que usted y su consejero acuerden alguna solución para su problema y que usted se comprometa con ella dándole descanso a su agotado cerebro.

Un hombre que se quejaba de ser incapaz de tomar decisiones había recibido el consejo de esforzarse al máximo hasta encontrar una forma de ganar la batalla. A partir de entonces, según la persona que lo asesoraba, ya no le sería difícil tomar decisiones.

Este consejo es erróneo, ya que el enfermo puede llegar a decidirse después de realizar un gran esfuerzo, pero esto no devolverá la flexibilidad a su mente ni logrará calmar su sistema nervioso, y en un futuro inmediato le resultará nuevamente difícil tomar decisiones. ¿Por qué darle tanta importancia a la necesidad de que una mente cansada tome decisiones? Una vez que la mente haya descansado y se haya liberado del miedo, será más fácil encontrar soluciones.

EL PROBLEMA INSOLUBLE

Al aconsejarles que encuentren una solución o se comprometan con su problema, algunas personas piensan: «Mi problema no tiene solución; no hay modo de salir de esto.» He presenciado cómo se resolvían demasiados problemas insolubles como para dejarme impresionar por esta afirmación. Su problema le puede parecer insoluble, pero usted se sorprendería de las soluciones que puede ofrecerle un consejero experimentado. Si poco puede hacerse para modificar una situación, al menos le enseñará a contemplarla desde una alternativa menos inquietante. Por ejemplo, una mujer se enfermó por tener que vivir con su suegra, de quien no podía deshacerse a pesar de desearlo vehementemente, y afirmaba: «Como ve usted, doctora, no hay ninguna solución para mi caso.»

Le expliqué que no habría solución alguna mientras creyera que la única forma de eliminar la dificultad era deshacerse de la suegra. Le sugerí que en vez de mirarla con odio intentar concentrarse en sus buenas cualidades para ver si podía albergar otros sentimientos hacia ella. La gente suele reaccionar según la opinión que tenemos de ellos, y a menudo se comportan con nosotros como subconscientemente esperamos que lo hagan. La anciana mujer sin duda conocía la opinión de su nuera, y probablemente, como resultado, le mostrara su peor cara. Afortunadamente, esta paciente comprendió la situación y fue capaz de modificar la situación.

ENFERMEDAD ORGÁNICA

No es fácil aplicar lo anterior cuando la causa de la enfermedad se basa en problemas orgánicos y no se trata de «nervios». Si dicha enfermedad es la causa de su crisis nerviosa, usted necesita la ayuda de un médico comprensivo, porque puede existir un punto de vista médico que le resulte útil.

Durante muchos años una antigua amiga mía, que ahora tiene ochenta y cinco años, sufrió de una persistente tensión alta. Quince años atrás, cuando se enteró de este problema, estuvo a punto de sucumbir al miedo de un inminente ataque imaginado. De cualquier modo, después de algunas conversaciones con su médico fue capaz de ver las cosas desde otro ángulo. Esto fue muy ventajoso para ella, ya que de lo contrario hubiera pasado los últimos quince años de su vida esperando un ataque que no ocurrió.

CAMBIO DE ESCENA

Durante una crisis nerviosa se puede repetir de un modo ridiculizante la misma vieja escena familiar y un encuentro diario con los recuerdos dolorosos asociados a ella. La mayoría de las personas anhelan que la situación se modifique y sienten que no deben luchar contra los miedos. Sin embargo, sus amigos con frecuencia les aconsejan que se mantengan firmes y les hagan frente, porque evitar la escena sería un acto de cobardía.

Sería aconsejable que se analizara perfectamente la situación antes de aconsejar a nadie a que permanezca en la escena que ha provocado la crisis. Si abandonar la escena implicara huir de algo que se debe afrontar, yo recomendaría permanecer en ella. Sin embargo, incluso en esta circunstancia es a menudo más sabio abandonar temporalmente la escena hasta estar más descansado. Por ejemplo, una joven profesora sufrió un colapso nervioso por no haber conseguido controlar una clase de alumnos rebeldes. Yo no le aconsejé que abandonara su puesto y encontrara una escuela diferente porque, en caso de haberlo hecho, podía haber encontrado otra clase rebelde o, al menos, haber vivido con el temor de que volviera a sucederle lo mismo. Le sugerí que se tomara un mes de vacaciones y que luego volviera para enfrentar la clase con otro enfoque. Finalmente, logró controlar la clase y estaba encantada de no haber cambiado de escuela.

Pero cuando un hombre que sufría una crisis nerviosa porque su mujer lo había abandonado vino a pedirme ayuda, le aconsejé que abandonara su casa que estaba cargada de recuerdos hasta que se sintiera más inmune a ellos, o mejor aún, que, si era posible, abandonara la ciudad durante seis meses. Las heridas que se abren diariamente tardan mucho en curarse.

Se debe valorar las circunstancias de cada persona antes de recomendar un completo cambio de escena. Sin embargo, los cambios breves son positivos para todo el mundo y se los puede recomendar con frecuencia. Actúan como suaves impactos, aliviando el agotamiento generado por la repetición y ayudan a que el paciente se vea a sí mismo desde otra perspectiva y analice su problema con otro punto de vista.

Un joven enfermo nervioso acudió con unos amigos a un balneario que no conocía. Al entrar en el hotel vio un alegre grupo de personas conversando junto a una ventana soleada y una extraña talla de un antiguo navío suspendido de las vigas del techo. El interés que sintió por lo que veía disminuyó la aceleración de sus pensamientos, le permitió alejarse de sí mismo y súbitamente tomó conciencia del extraño estado en que se encontraba. Por primera vez advirtió que se hallaba emocionalmente agotado y que a causa de esto magnificaba sus problemas. No eran tan insuperables como había imaginado, y si él se encontraba bien sería capaz de afrontarlos.

Este joven describió que, un poco más tarde ese mismo día, se encontraba tenso e inquieto esperando a sus amigos que habían ido a nadar. La tensión que le producía la espera era casi intolerable y sentía que su cerebro estaba a punto de estallar. Este hecho, agregado a la experiencia de aquella mañana en la sala del hotel, ponían de manifiesto que el problema residía en él mismo, en su agotamiento físico, y no en los problemas que creía tener.

Algunas personas en una situación similar de desgaste se quejan de sentirse como si anduvieran a tientas bajo un cielo raso bajo y oscuro que no les permite elevarse por encima de sus problemas para pensar claramente. Hay quienes describen que su mente parece estar envuelta en una manta gris de la cual no pueden liberarse. Cuando se recuerda que incluso la visión puede resultar afectada, de modo que un paisaje pueda parecer sombrío en un día claro, es posible apreciar con qué facilidad estas personas pueden sentirse apartadas del resto del mundo.

Ese cielo raso o esa manta no es más que una acentuada fatiga cerebral. Los estudiantes experimentan algo semejante cuando, después de tres o cuatro horas de estudio, de pronto sienten que no pueden asimilar ninguna palabra más y deben salir a regar el jardín hasta que su mente se despeje. La persona que sufre una crisis nerviosa ha estado analizando su problema durante semanas o meses, sin salir a regar el jardín. No es extraño que su mente se sienta gris, rígida, sin capacidad de respuesta y muy, muy cansada.

No es inusual que estas personas anhelen estar en la cima de una alta montaña o en un aeroplano donde, según imaginan, podrán mirar el mundo desde arriba liberándose de esa sensación de estar por debajo de todo lo demás. Esta persona lo único que necesita es dormir para recuperarse de esa incesante y ansiosa actividad mental.

Mientras el paciente se recupera, la cortina se eleva de tanto en tanto y logra disfrutar de los momentos en que es capaz de pensar libremente y dirigir sus pensamientos con su antigua agilidad. El primer momento de pensamiento normal puede surgir como una revelación. El joven que describimos decía que unos pocos días después de volver de la playa cierto amigo le pidió que le vendara un dedo que se había herido. Súbitamente, durante la «operación», la cortina se levantó y estuvo a punto de gritar: «¡Puedo pensar claramente otra vez!»

Este hombre era inteligente y era capaz de buscar la causa de sus síntomas y tratarse por sí mismo sin buscar ayuda. Describió que, después de la experiencia vivida al vendar el dedo de su amigo, la cortina volvió a cerrarse para volver a elevarse unas pocas horas después. Durante los días siguientes se levantaría un minuto y volvería a bajar al minuto siguiente, impidiéndole sentirse seguro de sí mismo. Su mente parecía frágil y debía manejarla con cuidado para que no se quebrara. Sintió que empezaba a acumular tensión intentando apaciguar sus pensamientos e impidiendo que la cortina descendiera. Luego recordó mi consejo de flotar y logró relajarse, aceptar y esperar que el tiempo pasara.

Unos amigos que vivían en otro estado le pidieron que los visitara y él supuso que, si viajaba, el cambio sería tan refrescante que la cortina permanecería levantada y lograría salir de su crisis. Sin embargo, decidió no viajar y demostrarse a sí mismo que era capaz de recuperarse en su propio terreno y sin ayuda exterior. Cuando finalmente lo logró, manifestó que sentía que había nacido de nuevo. Nunca nada había brillado tanto como entonces. Los colores eran más brillantes, más vívidos; el azul del cielo era maravilloso y experimentaba una sensación tan intensa de felicidad y de benevolencia hacia todas las cosas, que no era capaz siquiera de matar una hormiga. Y esa sensación lo acompañaría el resto de su vida. Si usted está sufriendo lo mismo que este joven, le espera la misma recompensa. La ley de la compensación funciona especialmente bien cuando se ha logrado superar una crisis nerviosa.

Esto no significa que usted deba rechazar un cambio de escena si en algún momento se lo proponen. No es necesario que se demuestre nada. Simplemente debe saber que es posible salir de una enfermedad nerviosa sin trasladarse a otro lugar. Pero si está sufriendo, ¿por qué ha de prolongarlo? Se debe aceptar la oportunidad de realizar un cambio decisivo y el alivio que puede significar.

De modo que:

- Hable de sus problemas con un consejero experimentado hasta que encuentre una solución satisfactoria con la que pueda comprometerse; busque una segunda alternativa.
- Reconozca las ventajas del nuevo punto de vista y muéstrese satisfecho si al principio sólo piensa brevemente en él cada día.
- Recuerde que tener una perspectiva del problema actúa como una muleta para una mente cansada.
- Si el agotamiento dificulta la concentración, no intente forzar los pensamientos; prepárese para pensar con la lentitud que le permita su cerebro agotado.
- No desespere si retornan los viejos miedos; acepte las recaídas y flote hacia la recuperación.
- No otorgue importancia al hecho de tomar sus propias decisiones mientras está enfermo.
- Acepte un cambio de escena si se lo ofrecen.

Capítulo 21

Aflicción

Aunque una gran tristeza puede desorganizar temporalmente nuestra vida, es más sencillo sobrellevar un estado de aflicción que los problemas aparentemente insolubles. Es evidente que la aflicción puede ocasionar problemas, pero éstos resultan eclipsados por la misma pena. Una aflicción profunda puede por sí misma causar una crisis nerviosa sin que se agregue ninguna culpa o conflicto. Sin embargo, cuando se estudia la fuente de dicha crisis nerviosa, es usual descubrir que existe algún miedo. Como ya he mencionado, la tristeza que se siente por la pérdida de un ser querido se combina con el miedo de tener que enfrentar solo el futuro.

OBSESIÓN MELANCÓLICA

Cuando sufrimos profundamente, muchos de nosotros tendemos a pensar que estamos agobiados; sin embargo, cuando pasa el tiempo la vida nos ayuda a recuperar nuestras fuerzas y encontramos nuevamente la felicidad. Hay personas a quienes la tristeza afecta de tal manera, y cuyo entorno les ofrece tan poco estímulo, que no logran encontrar una forma de volver a una existencia normal. Se dedican a pensar únicamente en su destino. Esta obsesión melancólica continua agota gradualmente sus reservas emocionales y sus reacciones se tornan exageradas; su tristeza es cada vez más profunda, las olas de la desesperación cada vez más abrumadoras y su cuerpo, sometido a estas tensiones, es cada vez menos capaz de soportarlo.

Estas personas comen frugalmente, duermen poco y literalmente se debilitan. Finalmente, su mente está tan agotada, sus percepciones y sus pensamientos son tan lentos, que resulta casi imposible comunicarse con ellas. Miran sin expresión y responden dubitativamente, en caso de hacerlo. Si el médico no es capaz de solucionar esta indiferencia, se debe indicar un tratamiento con electrochoque, y el resultado puede ser tan positivo que después de unas pocas sesiones el paciente puede hablar del futuro de una forma racional y con esperanza.

Una mujer italiana acudió a mi consulta aconsejada por su desesperada familia. Su marido había muerto seis meses atrás y ella estaba tan afectada por la pena que, como una niña, seguía a su hija dondequiera que fuera de un modo mecánico y sin vitalidad. Cuando hablé con ella su mirada estaba casi en blanco, como si mis palabras no le impresionaran en absoluto. Recomendé un tratamiento con electrochoque.

Después de un mes en el hospital su único deseo era volver a casa lo más pronto posible y ayudar en la vendimia. Esta mujer constituye un excelente ejemplo de los beneficios de un tratamiento con electrochoque.

Demuestra que si se quiebra la cadena de aflicción-obsesión melancólica-aflicción, el paciente es capaz de aceptar la vida otra vez.

EL HÁBITO DE SUFRIR

Es posible que si esta mujer hubiera recibido ayuda antes, se hubiera recuperado sin tener que recurrir a un electrochoque. Gran parte de nuestro sufrimiento se debe a los recuerdos y a los hábitos. Recordamos haber sufrido ayer y no somos capaces de apreciar la diferencia entre la realidad y la memoria. El marido de esta mujer había muerto seis meses atrás. Ninguna tristeza podía volverlo a la vida; ella vivía en una casa de campo con una familia que la necesitaba. Esa era su realidad, y después del tratamiento con electrochoque, logró reconocerla. Antes del tratamiento estaba obsesionada con los recuerdos del pasado que eran lo único que existía para ella; pero ciertamente esa no era la realidad.

El sufrimiento agota, el agotamiento consume aún más porque llegamos a sentirnos cansados de estar cansados. De cualquier modo, podemos intentar traer un poco de esperanza a nuestros pensamientos negativos para revertir el proceso. La esperanza que se proyecta hacia el futuro también se convierte en recuerdo, pero un recuerdo que nos anima. Si ayer nos hemos sentido esperanzados, hoy podemos estarlo aún más e incluso un poco más mañana, hasta que todos nuestros días traigan esperanza. Si somos afortunados, las circunstancias nos ayudan a concentrarnos en otras cosas. Una mujer con hijos a su cargo generalmente se recupera más rápidamente de la muerte de su marido que una viuda sin hijos.

Es sorprendente que, incluso después de haber sufrido un gran dolor, seamos capaces de ser felices otra vez con el paso del tiempo. Una mujer que había sufrido más de lo que puede parecer posible soportar, y que había perdido todo deseo de vivir, comentó que cierto día, sintiéndose casi completamente abatida, se obligó a salir al jardín y quemar las hierbas secas. Sin darse cuenta echó al fuego algunas hojas verdes. El olor acre de las hojas ardiendo le ofrecieron un momento de placer inesperado mientras un pequeño pájaro se posaba en una rama junto a ella. No pudo evitar sonreír. Esta experiencia supuso un cambio en su enfermedad. Le demostró que aún era capaz de sentir placer; que esa sensación no estaba tan muerta como pensaba. Recuperó la esperanza y ahora vive tan tranquila y feliz como la mayoría de nosotros.

EVITAR EL SUFRIMIENTO INNECESARIO

Si le resulta difícil vivir con el sillón donde se sentaba su marido antes de morir, guárdelo hasta que pueda verlo sin sufrir. Una amiga mía se negaba a deshacerse de la silla de su marido ya fallecido, argumentando: «Si lo amaba cuando estaba vivo, ¿por qué tengo ahora que evitar los objetos que me lo recuerdan?» Aunque este pensamiento es loable, suponía un esfuerzo emocional innecesario. Durante meses, ella sufría al pasar junto a la silla en cuestión; si en algunas ocasiones se sentía un poco más alegre, al ver la silla su ánimo se ensombrecía. Finalmente nos dejó retirar la silla temporalmente. Si lo hubiera hecho antes, se hubiera ahorrado un sufrimiento innecesario. No hubiera sido una cobardía como ella pensaba, sino una acción sensata. En ocasiones es bueno saber huir del sufrimiento. Nuestro subconsciente es un buen cementerio y no es de sabios cavar en él innecesariamente.

ABANDONO

La muerte causa aflicción, pero al menos no existe un gran conflicto en lo que respecta a ella. Es el final y debemos aceptarlo. El tiempo nos ayudará. La aflicción que se revive constantemente, como ocurre cuando uno de los cónyuges abandona al otro, es mucho más difícil de soportar. Siempre se tienen noticias sobre la otra persona y las heridas se mantienen abiertas. La situación se puede complicar si existe una idea de injusticia difícil de aceptar; pero incluso en este caso los años modifican gradualmente la tristeza convirtiéndola en aceptación y olvido. Conozco una mujer que estuvo a punto de sufrir una crisis nerviosa cuando su marido la abandonó. Ahora, cinco años más tarde, no estaría dispuesta a modificar su vida para que él volviera. Sin embargo, cuando él la dejó, no pude convencerla de que en un periodo tan breve de tiempo ella preferiría su ausencia.

Es aconsejable recordar que *ninguno de nosotros depende absolutamente de otro para ser feliz,* aunque así lo pensemos. La persona que amamos no es responsable de la profundidad de nuestros sentimientos; dicha profundidad es parte de nosotros mismos, representa nuestra capacidad de amar y permanece con nosotros a pesar de las desdichas.

De modo que, si la persona que ama se ha marchado, no piense que ha llegado el fin del mundo. Aún tiene usted una gran capacidad para amar, y es probable que ame a otra persona con la misma intensidad, o incluso más, aunque actualmente se sienta indignado. *Deje que el tiempo pase y tenga fe en el poder curativo del tiempo que pasa.*

NO SEA RENCOROSO

Si se siente herido, no cometa el error de pensar que la venganza le traerá alivio. No se mortifique con el deseo de «desquitarse». Para conseguir una paz duradera debe olvidarse de la venganza. La Biblia da buenos consejos sobre este tema. Deseamos que la persona que nos ha hecho sufrir pase por un sufrimiento equivalente, pero si eso realmente llega a suceder, descubriremos que no nos proporciona el placer que esperábamos. Lo más probable es que ya no nos interese lo que le suceda, o que incluso nos compadezcamos del «Pobre diablo». De modo que no gaste energía ni tiempo regodeándose en la venganza.

Cuando uno decide tomar el camino más amable, se sorprende al descubrir la rapidez con que desaparecen las complicaciones que parecían insuperables. ¿Ve usted ahora cuánto más sano es ese camino en vez de dejarse consumir por el odio, la amargura y la impaciencia por vengarse?

De modo que:

- Acepte su aflicción con filosofía.
- No se dedique a pensar melancólicamente en su sufrimiento.
- Ocupe su tiempo.
- Decídase a traer esperanza a su vida.
- Retire temporalmente los objetos que le traen recuerdos dolorosos.
- Recuerde que la felicidad no depende completamente del otro.
- Deje la venganza para Dios.

Capítulo 22

Culpa y desgracia

◆

CULPA

A CULPA PUEDE SER una pesadilla para quienes sufren una crisis nerviosa, particularmente para aquellos que tienen altos valores morales, como, por ejemplo, las personas religiosas.

■ Pensamientos culposos

La culpa se puede relacionar únicamente con los pensamientos. Dichos pensamientos asumen una importancia desmedida para estas virtuosas personas que luchan contra ellos intentado alejarlos de su mente. A estos pacientes les explico que la recurrencia de estos pensamientos se debe a una combinación de recuerdos y miedos y que deben aceptarlos teniendo en cuenta su provisionalidad. Estos pensamientos particulares se han manifestado una y otra vez durante semanas, meses o incluso periodos más prolongados, están hondamente arraigados y se han convertido en un hábito. Por lo tanto, ¿cómo se podría lograr que se desvanecieran de forma inmediata por una simple orden? Y sin embargo, muchas personas intentan desesperadamente hacer justamente esto. La única oportunidad de conseguirlo en estas condiciones sería mediante una pérdida del conocimiento o un sueño profundo sin imágenes oníricas.

El paciente generalmente se siente muy aliviado cuando se lo explico porque advierte que, aunque sus pensamientos revelen un placer que está poco dispuesto aceptar, él no es una persona particularmente inclinada al pecado sino un ser humano ordinario que reacciona de una manera normal.

La comprensión hace que el miedo desaparezca, y de este modo se gana la batalla. Los pensamientos no deseados retornan pero ya no son significativos, y entonces el enfermo se despreocupa de ellos y finalmente llega a olvidarlos.

> **Pensamientos no deseados.** Nunca incurra en el error de luchar contra los pensamientos no deseados para deshacerse de ellos; relájese, déjelos fluir, asúmalos —pero DE BUENA GANA— y trátelos, incluso al más horrible de ellos, como lo que son: simples pensamientos.
>
> Si lucha para olvidarse de dichos pensamientos o intenta reemplazarlos por otros, les estará concediendo demasiada importancia y cada vez le resultará más difícil olvidarlos. Siempre resulta complicado olvidar apelando a la voluntad, especialmente si la mente está cansada.
>
> Se requiere mucha práctica para sustituir los pensamientos inquietantes por «simples pensa-

mientos» que no despierten reacciones de angustia ni miedos. Sin miedo, los pensamientos que un día parecían hipnotizarnos llegan finalmente a carecer de importancia. La meta *no* es olvidarse de ellos, sino que dejen de inquietarnos. Uno nunca puede estar seguro de olvidar ya que la memoria es un gran misterio. Sin embargo si, gracias a la comprensión y a la experiencia, se ha conseguido que los pensamientos ya no nos perturben, es posible recuperar la seguridad.

Obviamente, en alguna ocasión el paciente volverá a sentirse turbado por sus pensamientos pero cuando se haya librado de su preocupación, aunque sea por un momento, la confianza no volverá a abandonarlo. Cuando sea capaz de salir por sí mismo de cada recaída volviendo a descubrir que los pensamientos no son importantes, conquistará nuevamente la confianza que acudirá en su ayuda toda vez que lo amenace un nuevo retroceso. Habrá ganado el premio.

■ Acción culposa

Si una de las causas importantes de su crisis es una acción culposa pasada que lo acosa, confiésese y repárela si es posible, pero no se desaliente si no experimenta el alivio esperado de forma inmediata. Su sistema nervioso está aún agotado y probablemente encontrará otra culpa para sustituir a la primera. No se deje impresionar. Considere este hecho como *una reacción desequilibrada de un sistema nervioso agotado.*

La culpa puede por sí misma iniciar una crisis nerviosa; sin embargo, lo más usual es que en el curso de un colapso nervioso ya establecido surja un complejo de culpa. La mente, excitada y rígida debido al agotamiento, se adhiere rápidamente a una culpa real o imaginaria. Este sentimiento es tan persistente que el sujeto puede encontrarse luchando para vencer una culpa tras otra.

Por consiguiente, cuando se haya desembarazado de su culpa actual disfrute del alivio que representa, ya que es posible que sea duradero, aunque no debe desmoralizarse en caso contrario. Cuando haya superado su crisis, sentirá menos culpa, será capaz de analizarla racionalmente y de darle la importancia que merece.

■ La culpa que no se puede confesar ni olvidar

Las personas religiosas pueden arrepentirse mediante la oración o la confesión, e incluso si han hecho daño a alguien que ha muerto, pueden encontrar consuelo. Si se encuentra usted en una situación similar pero no encuentra una salida en la religión, debe afrontar los hechos directamente e intentar enmendarlos de alguna forma. No se obligue a ello de forma inmediata si el esfuerzo le parece extenuante; será suficiente si decide expiar esa culpa más adelante. Usted y su consejero deben juzgar la importancia que tiene para su recuperación una confesión y reparación inmediatas y luego deberá usted actuar en consecuencia.

Todos tenemos incontables ancestros cuyas flaquezas hemos heredado en alguna medida. Muy pocos de nosotros podemos llegar a una edad mediana sin tener algún secreto del que avergonzarnos. De hecho, la mayoría de nosotros tenemos una buena colección, pero nos ingeniamos para que no salgan a la luz. Dejar que una culpa pasada paralice la acción presente es vivir de un modo destructivo. Reconozcamos nuestra culpa cuando se pone en evidencia, reparémosla de la mejor manera posible, pero con la serena determinación de seguir viviendo, colocando parte de la vergüenza a los pies de nuestros ancestros, otra parte a los pies de quienes nos han enseñado o han sido incapaces de enseñarnos y, por último, otra parte a nuestros propios pies. Pero enmendemos esa culpa con el fin de que a partir de este momento (en su caso cuando se haya recuperado) nuestra vida sea constructiva y que merezca la pena vivirla.

■ Otra oportunidad

Si las personas que sienten culpa decidieran que no merece la pena seguir viviendo, el mundo pronto estaría vacío. Es más recomendable vivir alegremente, aceptando la carga de la culpa. Esto significa una penitencia parcial. Por lo tanto, *ofrézcase el beneficio de otra oportunidad. Nunca podrá caer tan profundo como para no poder emerger otra vez y ser una persona cabal*, si se decide a hacerlo. Cuanto más prolongada sea la caída, más pronunciada será la subida y mayor el esfuerzo necesario para recuperarse; sin embargo, la persona que finalmente logra emerger triunfante después del esfuerzo extraordinario que ha realizado gozará de un carácter más noble y elevado.

Dicho empeño no significa apretar los dientes y combatir en una dura batalla recordando constantemente cuál es el objetivo. Por el contrario, significa visualizar la persona que desea ser y dejar que el tiempo lo conduzca hasta ella. Esto se materializará más fácilmente si, cada mañana antes de levantarse, se ocupa usted de pensar en ello. No necesita realizar ningún esfuerzo consciente para recordarlo durante el día; sólo es preciso reforzar su inconsciente con una advertencia diaria que ayude a condicionar sus acciones hasta que la práctica consolide el hábito buscado. No es preciso luchar en ninguna batalla.

Aproveche su subconsciente, dirija sus poderosas maquinaciones con una advertencia diaria y deje que se produzca el milagro. Usted es capaz de hacerlo.

Pero recuerde que nunca debe desalentarse ante un fracaso. En ocasiones pensará que ha perdido de vista su meta, pero en cuanto lo desee volverá a estar allí. El deseo da forma a sus acciones, de modo que mientras usted desee estará en posesión del requisito indispensable para el éxito.

VERGÜENZA

Nos sentimos culpables por nuestra propias acciones, pero sentimos vergüenza por las acciones de los demás. Una colega me comentaba que su asistenta estaba cada vez más ojerosa desde que su hijo había sido enviado a prisión. Ella intentaba consolarla diciéndole: «No se preocupe. El tiempo pasará pronto y su hijo estará libre otra vez.» La mujer le respondió: «No se trata de eso, doctora, es la vergüenza que siento.»

No es fácil consolar a las personas que han enfermado por sentir vergüenza. Es posible decirles que el tiempo desvanece los recuerdos, que todos somos vulnerables, y que el arrepentimiento y la reparación pueden aliviar las circunstancias. Es posible destacar que nuestro sentimiento no es más que una mezcla de dolor y orgullo y del miedo que sentimos frente a la opinión pública. Pero si somos capaces de elevarnos y pensar en los sentimientos de quien nos hace sentirnos avergonzados, y que seguramente sufre más que nosotros, habremos logrado hacer algo importante. Podemos hacer todo esto y finalmente descubrir que la vergüenza es aún difícil de soportar.

Si ha enfermado a causa de la vergüenza, debe saber que usted disfruta de la compasión, y no de la censura, de todos los seres humanos. Y además, aquellos que lo aman lo amarán más a causa de su tormento.

Si son sus propias acciones las que le producen vergüenza, no tiene otra alternativa que examinar en qué ha fallado y asumir la determinación de no volver a hacerlo. Recuerde que la mayoría de los humanos esperan que una persona en sus circunstancias logre salir adelante, porque esto les devuelve la fe en la naturaleza humana. Algunas lenguas maledicentes se agitarán más de lo normal, pero su cháchara siempre es despreciable. Concéntrese en sus verdaderos amigos y apóyese en ellos.

Capítulo 23

Obsesión

LOS PROBLEMAS, la aflicción, la culpa o la vergüenza pueden iniciar una enfermedad nerviosa o desempeñar un papel importante en ella. Los efectos secundarios del continuo estado de miedo que producen pueden ser también angustiantes y convertirse en prioritarios en relación con la causa original. Los efectos secundarios más comunes son:

- obsesiones,
- insomnio,
- esa temida sensación al despertar,
- depresión,
- pérdida de confianza,
- dificultad para contactar con las personas,
- dificultad para volver a casa,
- aprehensión.

El tipo de obsesión experimentada durante una crisis nerviosa se caracteriza por acciones o pensamientos compulsivos y angustiosos que se repiten. El paciente puede sufrir una o más obsesiones, y encontrarse en un estado tan profundo de agotamiento que incluso cualquier pensamiento puede tornarse obsesivo.

Según mi experiencia existen tres tipos principales de obsesiones. Uno es simplemente un hábito de repetir algún ritual que no despierta tanto miedo por sí mismo como el miedo que produce el estado en que se encuentra el paciente. Así, en el ritual de lavarse repetidamente las manos por miedo a contaminarse con los gérmenes, el hecho de lavarse las manos no es en sí mismo inquietante. El segundo tipo de obsesión implica un miedo más intenso. Por ejemplo, la muy común obsesión de una madre aquejada por una enfermedad nerviosa que cree que hará daño a su hijo. La tercera obsesión es compartida por muchos enfermos nerviosos; se obsesionan consigo mismos y con su enfermedad.

EL PRIMER TIPO DE OBSESIÓN

Quien se lava continuamente las manos por miedo a las bacterias finalmente termina por estar tan alarmado por los gérmenes como por su propio estado compulsivo. Esto se aplica a todas las demás obsesiones de este tipo. Es como si una parte del cerebro del enfermo hubiera perdido su flexibilidad y, desgastado por este particular pensamiento, ya no es capaz de razonar. Esto es inquietante. Un médico puede brindarle una serenidad temporal, pero no pasará mucho tiempo antes de que el miedo y la obsesión vuelvan a emerger a pesar de los esfuerzos del enfermo para resistir. El agotamiento mental extremo imposibilita al sujeto considerar el problema desde otro punto de vista. Dicho agotamiento no está motivado por acatar el mandato obsesivo ya que uno podría lavarse las manos todo el día sin agotarse, si lo hiciera con buena disposición. Lo que agota es la aprehensión, la exasperación, la desesperación que acompaña al acto obsesivo de lavarse las manos. Este *segundo miedo* agota el cerebro y lo rigidiza, impidiendo que el paciente sensibilizado ante el primer miedo (el miedo a las bacterias) pueda razonar. *No es necesario que exista una causa muy arraigada para este miedo a los gérmenes;* ninguna causa que sea posible descubrir antes de la cura.

La persona que sufre este tipo de obsesión invariablemente comete el error de luchar contra ella, intentando detenerla y olvidarla, pero de este modo nunca logrará desprenderse de ella. Al luchar sólo conseguirá acrecentar la obsesión y mantenerla más viva en su mente.

Si usted padece de este tipo de obsesión, debe aceptar que lo perturbará durante algún tiempo ya que usted está muy sensibilizado frente a ella. Pero debe intentar no inquietarse, no agregar este *segundo miedo* para conseguir que la tensión remita gradualmente y que desaparezca el agotamiento que lo mantiene en un estado de susceptibilidad. Al aceptar la obsesión de buen grado descubrirá una paz interior y la obsesión le resultará más llevadera. Mediante la aceptación se desvanece el carácter de pesadilla que tiene toda obsesión. Y cuando desaparezca el segundo miedo, su cerebro estará más despejado, y usted será capaz de asumir el primer miedo con más calma, y lo verá con una perspectiva real.

EL SEGUNDO TIPO DE OBSESIÓN

Como ya he dicho, ésta es una obsesión que despierta más miedo.

Una madre obsesionada por la idea de que puede hacer daño a su niño siente verdadero pánico. La clave para curar esta obsesión u otra similar es comprender cuál es su causa. He explicado con mucha frecuencia que las reacciones emocionales de una persona irritable ante cualquier pensamiento inquietante son muy intensas, verdaderamente desmesuradas en relación con la importancia del pensamiento. Cuando una enferma nerviosa pensó por primera vez que podía dañar a su bebé, sintió tal ataque de pánico que se convirtió en puro sentimiento y perdió la capacidad de pensar. No sintió el miedo y luego pensó «Yo nunca podría hacer eso» mientras al mismo tiempo sentía lo que estaba pensando. De haberlo hecho, el miedo hubiera pasado y el episodio se hubiera olvidado. Por el contrario, se sintió aterrorizada por la experiencia, y a partir de ahí vivió con el temor de que retornara. Naturalmente, debido a la importancia que ella le otorgaba, el miedo retornó, y cada vez ella repetía la misma equivocación hasta que se convirtió en una obsesión.

Si sufre usted este tipo de obsesión, debe comprender en primer lugar que esta exagerada reacción se debe a su excitabilidad y que no es posible curarse de la noche a la mañana. De momento debe aceptar la situación. En segundo lugar, debe hacer ahora lo que no logró en la primera ocasión. Debe practicar la aceptación del miedo, y mientras lo examina debe intentar ver la verdad. Usted está intimidado por su pensamiento y por sus exagerados sentimientos. Intente observar su reacción al miedo desde un punto de vista real. En principio sólo será capaz de vislumbrarlo, pero con la práctica llegará a controlarlo y la obsesión perderá gradualmente su significado. Gradualmente deberá reemplazar los pensamientos obsesivos por los verdaderos pensamientos.

Comprendo la dificultad de este planteamiento y sé que quien sufre esta obsesión necesita el constante apoyo de un médico que le explique la situación repetidas veces. Es de una inestimable ayuda que el médico grabe cada sesión para el paciente con el fin de que pueda escucharla en su casa y sentirse estimulado cada vez que lo necesite; y esto puede ocurrir varias veces al día.

Obsesión. Una persona torturada por una obsesión es, a mi juicio, siempre capaz de comprender —aunque sea de una forma fugaz— la verdad que esa obsesión esconde. Por ejemplo, una mujer obsesionada por la idea de que su casa está contaminada con gérmenes fue capaz de vislumbrar la verdad que se ocultaba tras ese pensamiento, al explicarle que sólo había unos pocos gérmenes nocivos en cualquier casa. Tomé cultivos de las manchas que había en cada una de las habitaciones, de la nevera, de los grifos, de las zonas circundantes a las tuberías y todos fueron negativos.

Cuando vio los resultados advirtió que era innecesario limpiar la casa con tanta frecuencia (¡limpiaba la nevera hasta tres veces al día!)

Pero en cuanto dejó de verme, al pensar en los gérmenes reaccionaba con tal desmesura que una vez más quedó atrapada por su obsesión.

A ese momento fugaz en que fue capaz de ver la realidad lo denomino «vislumbrar». Curo las obsesiones de mis pacientes enseñándoles a «vislumbrarlas» de una forma regular y frecuente. Para conseguirlo, deben sentarse (o permanecer de pie, la postura es indiferente) tranquilamente, pensar en su obsesión y tratar de sentir el miedo asociado a ella; luego, una vez atrapados por el miedo, *en ese preciso momento,* deben intentar vislumbrar la verdad que oculta la obsesión o simplemente vislumbrar otro punto de vista.

Inicialmente, una persona mentalmente agotada (una obsesión agota aún más a una mente ya cansada) puede llegar a «vislumbrar» una o dos veces al día; pero incluso aunque lo logre una sola vez, al hacerlo pone de manifiesto las trampas que el agotamiento mental le está tendiendo y de este modo descubrirá que las reacciones físicas ante la obsesión son graves debido a su excitabilidad (la tensión constante que causa una obsesión puede producir una gran irritabilidad) y no porque el pensamiento sea importante o verdadero.

EL TERCER TIPO DE OBSESIÓN

La introspección puede causar un intenso agotamiento mental, y el enfermo está convencido de que su pensamiento lo domina hasta tal punto que es incapaz de liberarse de ellos para interesarse por otras cosas. Puede intentar trabajar, andar, leer, sólo para descubrir que sus pensamientos lo interiorizan constantemente. Puede sentirse tan ensimismado que sólo es consciente de sus propias acciones, como si no pudiera disociar su mente de ellas.

Si se encuentra atrapado en esta situación, debe usted:

Primero, comprender que esta obsesión no es más que un síntoma de un fuerte agotamiento mental.

Segundo, deje que sus pensamientos le tiendan trampas. Acepte los pensamientos interiorizantes como parte de su pensamiento normal. Acompáñelos y analícelos. No se angustie y *no intente contrariarlos.* Procure trabajar mientras piensa de este modo, hasta que este hábito *ya no lo perturbe.*

Al comprender que su estado responde a un agotamiento mental que gradualmente desaparecerá con la aceptación, que no está volviéndose loco, que muchas personas han pasado por esto antes que usted y se han recuperado siguiendo el consejo que acabo de ofrecerle, logrará aliviar el miedo y la tensión: sus pensamientos más ocultos serán menos intensos, usted se desprenderá poco a poco de ellos, y otros intereses lo sustraerán de ese hábito. Y aunque la situación anterior retorne ocasionalmente, usted será capaz de afrontarla con más facilidad cada vez que se presente.

Al comprender que una obsesión no es más que un hábito nacido del miedo y del agotamiento, le resultará posible desprenderse del miedo que le produce, de manera que sólo quedará el recuerdo. Con el paso del tiempo los recuerdos se desvanecen.

Una mujer de origen alemán sufría este tipo de obsesión. Durante el curso de una consulta la describió de una manera gráfica y me explicó que se había curado gracias a la ayuda de una amiga. Cuando sentía que se aproximaba uno de estos exasperantes momentos corría a ver a su amiga y decía: «Ya está aquí otra vez, María.» Y María le respondía: «Déjalo venir, Ana. No luches contra él. Déjate ir y pronto pasará.» Ana era sabia.

Es posible curar algunas obsesiones retirándose de lo que las ha originado. Por ejemplo, una mujer estaba obsesionada por la idea de cruzar la calle principal de su pueblo. Tuvo ocasión de abandonar el estado durante seis meses. Al regresar, su obsesión había desaparecido. Sin embargo, no comprendía cómo había logrado desprenderse de ella y, por lo tanto, era vulnerable a su retorno. Deseo enseñarles a comprender las obsesiones y a curarse de ellas sin huir, con el fin de ser invulnerables.

Para curar una obsesión:

- Acepte y no intente forzarse a olvidar.
- Deje de luchar.
- Vislumbre otro punto de vista.
- Deje que el tiempo pase.

Una vez más, el modelo conocido de la recuperación.

Capítulo 24
Insomnio

A LA CAÍDA DE LA TARDE algunos enfermos nerviosos se sienten mucho mejor y más lúcidos que por la mañana y llegan a convencerse de que están curados. Otros, particularmente los que tienen problemas, temen la llegada de la noche. Permanecen en la cama bañados en sudor y con fuertes ataques de pánico; terroríficos pensamientos cruzan por su mente mientras ellos piensan que sólo un sedante puede devolverles la calma. Sienten temor de permanecer solos en la habitación y apagar la luz.

Si usted está en un estado semejante, un sedante es un buen compañero, pero existen otras formas de conciliar el sueño.

Primero, comprender que sus miedos lo aterrorizan *únicamente porque su cuerpo está muy excitado*, y responde de un modo exagerado a lo que quizá normalmente no representaría más que una vaga perturbación. *Sus problemas no son tan terribles como su cuerpo agotado pretende hacerle creer.* Si no experimentara estas inquietantes reacciones por el sólo hecho de pensar en ellas, podría probablemente manejarlas. Por lo tanto, intente considerar su pánico como lo que es, *la respuesta exagerada de un sistema nervioso agotado* y no necesariamente una expresión de la magnitud de su problema. Póngase cómodo en la cama para relajarse al máximo, luego analice el pánico que siente y *prepárese para que lo envuelva; relájese y fluya con él.* No se contraiga ni intente controlarlo.

Descubrirá que las olas de pánico se convierten en una sensación dolorosa o de calor en la boca de su estómago. Puede acostumbrarse a esta sensación e incluso llegar a dormirse.

El pánico puede deberse a sus propios pensamientos o incluso no tener una causa aparente. Si se trata de sus pensamientos, reconozca que son sólo ideas, aunque al estar cargadas de miedos, pueden parecer monstruosas. Acepte que se trata de meros pensamientos y deje que se alejen flotando. *Libérelos. Déjelos ir. No los sujete.*

Cuando decida afrontar el pánico y analizarlo, se sentirá aliviado y logrará relajarse y conquistar un poco de paz. Y si digo un poco, es porque al principio no notará usted grandes modificaciones en su forma de sentir. Aunque su mente haya aceptado, su cuerpo puede no responder durante un tiempo. Sin embargo, también es posible que se sorprenda por el alivio que siente. Esto puede ser tan agradable que llegará a sentir como su atención se dirige hacia otros intereses.

Es fácil aconsejarle a una persona que sufre una gran tensión que se relaje y acepte. Reconozco que puede resultarle muy difícil conseguirlo, aunque insisto en que es posible si se recuerda que el pánico existe sólo debido a la irritabilidad de los nervios. *Un ataque de miedo hace que nos inquietemos aún más ante la perspectiva de un nuevo ataque*, y cada ataque parece más intenso que el anterior. Si usted se relaja, analiza los ataques (como he aconsejado en un capítulo anterior) y se resigna a sufrirlos temporalmente, desarrollará una paz interior capaz de quebrar el ciclo de ataque-pánico-ataque.

Si ciertos problemas no resueltos agravan su insomnio, debe hacer algo para resolverlos o comprometerse de alguna manera con ellos. Ya he sugerido cómo se logra esto. El insomnio no remitirá hasta que usted desarrolle un plan para solucionar al menos su mayor problema. La indecisión y el conflicto hacen de usted una víctima propicia para el agotamiento y el miedo. Su mente se sentirá más débil que nunca al intentar tomar una resolución, se mostrará ambigua hasta el punto de hacerle sentir incapaz de tomar decisión alguna y usted se sentirá confuso, debatiéndose entre diferentes ideas. Esta incertidumbre, esta constante vacilación entre dos caminos, es lo que lo convierte en un ser vulnerable al pánico y al insomnio. Es necesario definir un punto de vista al que su mente se pueda ceñir para posteriormente poder descansar y conciliar el sueño.

CÓMO RELAJARSE

Se han escrito muchos artículos sobre la relajación. Por lo tanto, sólo describiré brevemente una técnica simple que constituye el núcleo de la mayoría de los métodos.

Túmbese cómodamente sobre la cama, asegurándose de que las mantas no son demasiado pesadas.

Luego, imagine que cada parte de su cuerpo es tan pesada que parece estar hundiéndose en el colchón; comience por los pies y suba por las piernas, abdomen, pecho, cuello, cabeza, brazos y manos. No se olvide de las mandíbulas y de la lengua.

Cuando relaje por primera vez su abdomen, estará mucho más consciente de su pulsación que cuando estaba tenso y pendiente de él. Es preciso comprender que esta pulsación no es más que la acción de la principal arteria del cuerpo, la aorta, en su esfuerzo por bombear sangre hacia las piernas. Si presiona con su mano el abdomen, puede sentir cómo pulsa la arteria. Es la expresión de la vida, ¿por qué inquietarse por este normal y necesario fenómeno simplemente porque, como resultado de la tensión, es más intenso que lo normal y usted está más consciente de él?

Ese latido que siente en su oído también se debe al flujo sanguíneo atravesando una de las mayores arterias de la cabeza. Cuando lo escuche, en vez de acomodar las almohadas alrededor de su cabeza para dejar de escucharlo piense: «Allí va mi sustento. ¿Por qué he de preocuparme si esta noche suena algo más fuerte?» Relájese, y déjelo latir y esa sensación de bombeo pronto se calmará.

RUIDOS EN LA CABEZA

Algunas personas se quejan de escuchar un ruido en su cabeza que parece un disparo y que suena justamente cuando están a punto de dormirse. Si esto es lo que el sucede, alégrese de escucharlo, ya que es un signo de que sus músculos tensos comienzan a relajarse y que pronto lo vencerá el sueño.

Otros dicen que su cabeza parece balancearse sobre la almohada como un péndulo. Se trata de otro signo precursor del sueño. Descanse su cabeza sobre la almohada y deje que el péndulo oscile, ya que, gracias a su movimiento, conseguirá dormirse y esto no le causará ningún daño. Se trata de una perturbación provisional del mecanismo del equilibrio causado por el agotamiento.

ESCUCHAR

Existe otra forma de conciliar el sueño. Algunas veces un cerebro cansado puede estar exasperantemente activo, y para calmarlo se debe utilizar la zona receptiva del cerebro, es decir, *escuchar.*

Permanezca tumbado escuchando los ruidos exteriores. Sus pensamientos seguirán fluyendo, pero no serán tan penetrantes como cuando usted está pensando activamente, y además tampoco se centrarán en sus emociones. Suelo practicar esta técnica después de un día de mucha actividad, cuando uno se siente tentado a permanecer despierto reviviendo los acontecimientos de la jornada o planificando las actividades del día siguiente. Simplemente me tumbo y escucho y he conseguido dejar de pensar durante periodos cada vez más prolongados. Finalmente me duermo. La conocida técnica de contar ovejas es un ejemplo de este principio. Al observar ovejas imaginarias utilizamos la zona receptiva visual de nuestro cerebro y dejamos libre el área del pensamiento. En la práctica, escuchar los ruidos exteriores es mucho más efectivo que escuchar ovejas.

Evidentemente, sé que existen personas con una gran excitabilidad nerviosa, y para quienes el estrés significa una gran tortura, que no conseguirán conciliar el sueño de esta forma. Estas personas, si no consiguen dormirse rápidamente, se despiertan más agotadas que cuando se acostaron la noche anterior. Deberían consultar a su médico para que les recetara un sedante.

Pero debo destacar que los sedantes no curan. El paciente debe estar preparado para *aceptar y flotar*, y debe afrontar y resolver sus problemas; debe tomar sedantes principalmente para superar la tensión residual que sufre su cuerpo después de semanas, o quizá años, de sufrimiento y lucha.

EL ROMPECABEZAS

La persona que sufre una crisis nerviosa tiene el hábito de «intentar resolver las cosas» durante la noche en vez de dormir. Trata de desentrañar todo lo que ha ocurrido durante el día y pensar en lo que podría haber hecho para evitarlo. Recuerdo una mujer que vino a verme cierta noche a una hora avanzada para comunicarme que «tenía la respuesta». Con los ojos brillantes por la excitación me dijo: «Ahora sé por qué me duelen los brazos hasta el punto de no poder dormir. No debía haber escrito tanto a máquina. Hoy me he excedido.» Había pasado horas para llegar a esa conclusión.

No permanezca en la cama intentando acoplar las piezas de su crisis como si estuviera reconstruyendo un rompecabezas; se excitará y agitará innecesariamente porque cada noche formará un diseño diferente. No tiene que encontrar la salida a su crisis paso a paso; practique la inactividad magistral, y cuando descanse su cabeza en la almohada por la noche intente aceptar todo lo que piensa y flotar hasta conciliar el sueño. Si logra hacerlo, será capaz de dormir a pesar de haber pasado muchas horas escribiendo a máquina.

NIÑOS

Una madre aquejada de una enfermedad nerviosa que tenga hijos pequeños no conseguirá fácilmente dormir todo lo que necesita. Los niños a menudo se despiertan y requieren atención en el momento en que ella necesita descansar. Los ruidos que una persona tensa escucha cuando está a punto de dormirse pueden provocar una reacción desmedida, angustiante e incluso dolorosa y devolverla a la plena consciencia en cuestión de segundos.

Explico a los maridos de las enfermas nerviosas el beneficio que supone el sueño ininterrumpido y destaco que ninguna mujer que atraviese una crisis nerviosa debería tener la responsabilidad de cuidar a los niños por la noche. Desgraciadamente algunos hombres no son fáciles de convencer. Ellos esperan que su esposa sea capaz de seguir atendiendo sus obligaciones, y esto es comprensible porque el aspecto de la mujer puede ser bueno, y probablemente lo único que revela su enfermedad es que pierde prontamente la paciencia. Y en cuanto al hecho de encontrar ayuda para su mujer, ¿quién quiere cuidar los niños de otra mujer a menos que reciba una buena paga?, ¿y de dónde sacar el dinero? Él piensa que ya ha gastado demasiado en su mujer.

Los asistentes sociales que trabajan en los hospitales públicos pueden ser de gran ayuda en estas circunstancias. En algunas ciudades se ofrecen servicios de emergencia para ayuda en el hogar de forma gratuita si el médico lo solicita. De cualquier modo, generalmente aconsejo a la mujer que abandone el hogar durante dos meses (y no uno), si fuera posible, y que no piense que está «abandonando el barco». Si le es imposible alejarse de su familia u obtener ayuda, no tiene más alternativa que aceptar su situación con la menor frustración posible, recordando que lo que la mantiene despierta no es tanto el tener que levantarse para atender a los niños sino el permanecer luego en la cama pensando incesantemente en la forma de deshacerse de todos ellos, empezando por el que ronca a su lado.

Además del recurso de la aceptación filosófica, esta ama de casa goza de vecinos, relaciones y sedantes que pueden ayudarla, y esto obra maravillas. Ahora tiene también este libro.

OTROS EXTRAÑOS OBSTÁCULOS

Existen otros extraños obstáculos que pueden impedir conciliar el sueño. Si el enfermo ha pasado varias noches insomne y siente que sería incapaz de soportar una noche más, la misma ansia por dormir es suficiente para que se encuentre cada vez más tenso e inquieto. Esto es tan angustiante que es cada vez más improbable que llegue a dormirse.

Los principios del tratamiento que aquí indicamos se aplican a esta situación y a cada una de las emergencias mencionadas anteriormente. Relájese al máximo, y acepte los obstáculos que se presenten, la previa pérdida de sueño, las palpitaciones, la tensión, el sudor y el pánico, recordando que detrás de todo esto *la naturaleza conseguirá que usted duerma. El sueño está escondido y al acecho, incluso detrás de esa tensión.* Recuerde también que si no logra conciliar el sueño esta noche, lo hará mañana o la noche siguiente. Así le ha sucedido a la humanidad durante miles de años. *Este hábito es más fuerte que su capacidad para impedirlo.*

No quiero decir con esto que debería usted permanecer despierto durante horas esperando dormir. Es aconsejable tomar un sedante recetado por el médico y abreviar las horas de tensión. Lo que he descrito anteriormente se puede conseguir mientras el sedante hace efecto o cuando usted se encuentre mejor y sea capaz de dormir sin tomarlo. Recuerde que siempre debe pedir a su médico que le recete el sedante adecuado y que supervise sus efectos.

De modo que para conciliar el sueño:

- Comprenda que sus miedos lo aterrorizan porque su cuerpo está muy sensibilizado.
- Relájese y deje que el pánico lo envuelva, fluyendo con él sin contraerse.
- Reconozca que gran parte de ese pánico se debe a sus pensamientos y no se acobarde ante ellos.

- Resuelva sus problemas cuanto antes y busque consejo si es necesario.
- Recuerde que los ruidos de su cabeza no le infligirán daño alguno.
- Si su mente está excitada, preste atención a los sonidos exteriores.
- No se excite durante la noche intentando desentrañar las causas de su crisis; practique la inactividad magistral, relájese y acepte.
- Si durante el día ha realizado demasiadas actividades, no desperdicie su energía preocupándose durante la noche.
- Recuerde que el hábito de dormir es más fuerte que su capacidad para impedirlo. No dude en utilizar sedantes pero recuerde que los debe recetar el médico.

Capítulo 25

Esa temida sensación al despertar

—— ♦ ——

DESPERTAR POR LA MAÑANA merece una atención especial. Es el peor momento del día para la mayoría de los enfermos nerviosos, no sólo porque implica afrontar un nuevo día, sino también porque puede significar una imposibilidad de satisfacer las expectativas de la noche anterior. Algunos días el enfermo se siente bien y por la noche ha llegado a convencerse de que por fin está experimentando una mejoría. Se acuesta alegre y optimista, pero al despertarse la mañana siguiente descubre que el progreso del día anterior ha sido como un sueño.

Es extraño que por la mañana tenga lugar este hábito desconcertante de no tomar en cuenta el progreso del día anterior. Los enfermos se desmoralizan y se desconciertan cuando, después de haberse acostado alegres, se despiertan al día siguiente sintiendo nuevamente que su corazón es de plomo, que su estómago está revuelto, que se sienten deprimidos, que tienen dificultades para afrontar el nuevo día y que su único deseo es echarse las mantas sobre la cabeza. Las mañanas parecen estar muy por detrás del ritmo de su recuperación.

No es fácil encontrar una explicación satisfactoria para esta temida sensación matinal. Es como si la conciencia se acercara sin hacer ruido antes de que el enfermo tenga tiempo de echar mano de sus defensas. Durante el sueño ha tenido la oportunidad de olvidar, pero en el momento de despertar vuelve la cruda realidad y su ánimo puede derrumbarse antes de que sea posible salvarlo. También puede suceder que el sueño logre distender un cuerpo agotado más allá de una relajación normal, y esto es tan difícil de soportar como la tensión. De cualquier forma, cuando usted se despierte con la sensación de que el mundo no es un lugar tan malo, estará en camino de recuperarse. El sufrimiento que se siente al despertar debe ser comprendido, incluso esperado, pero no magnificado. No debe dejarse intimidar por él. *Una mañana difícil no implica que el día será difícil.*

LEVANTARSE INMEDIATAMENTE DESPUÉS DE DESPERTAR

Para superar esta sensación matutina, *debe usted levantarse en cuanto se despierte.* Cuanto más tiempo permanezca tumbado hundiéndose en la tristeza, más le costará salir de ese estado. Comprendo que le pueda resultar difícil levantarse rápidamente, pero debe hacerlo, incluso cuando pueda parecer que está arrancando su cuerpo de la cama. Una mujer lo expresaba del siguiente modo: «Salto de la cama.» Pero muy pocos enfermos nerviosos están preparados para hacerlo. Será suficiente si usted es capaz de levantarse, aunque sea lentamente, tan pronto como abra los ojos y luego se duche y prepare una taza de café. Una música alegre le ayudará a desprenderse de su abatimiento matinal; coloque una radio junto a su cama. Quizá la familia no aprecie un concierto a tempranas horas de la mañana, pero cuando se enteren que es parte de su tratamiento cooperarán.

Después de la música, la ducha y el té, puede permanecer tranquilamente en la cama hasta que la familia se ponga en marcha. Posiblemente prefiera dar un paseo en vez de volver a la cama. Mucho mejor. Lo principal es *hacer un esfuerzo rápido en cuanto abra los ojos para no dar tiempo a que se establezca la depresión matinal.* Una vez hecho esto, no volverá a deslizarse hacia la depresión tan fácilmente otra vez. Al menos no será tan agobiante como lo hubiera sido en el caso de permanecer en la cama con las mantas sobre la cabeza. Prepárese para recibir las mañanas de esta forma, y cuando el despertar sea más agradable usted podrá permanecer en la cama tranquilamente sin la ayuda de la música, la ducha o el café.

Cuando aconsejé a una joven que se levantara inmediatamente después de despertar, ella protestó: «¡Pero las funciones corporales no están activas! ¿Cómo puedo levantarme de la cama antes de que comiencen a funcionar? A veces tardo horas en ponerme en marcha.» Le aseguré que sus «funciones corporales» se pondrían en funcionamiento con mayor rapidez frente a una actitud de firmeza que ante un trato complaciente, especialmente al permanecer en la cama aumentando esa condescendencia. Admito que la primera media hora puede ser fatal, y mucha gente no logra soportarlo. De cualquier forma, la solución se torna más sencilla cuando el sujeto se obliga a levantarse.

Por lo tanto, no atienda ninguna excusa para permanecer en la cama un rato más. *Abandone la cama en cuanto se despierte.*

TENER COMPAÑÍA

Es reconfortante tener alguien con quien hablar al despertar. De modo que no se considere un cobarde si desea que algún miembro de la familia duerma en su habitación. Esto es muy positivo y algunas veces aconsejo hacerlo. Ver a otra persona al despertar da sensación de realidad y unas pocas palabras pueden representar un bálsamo para una mente conflictuada.

Al menos coloque su cama de forma que sea posible ver a través de la ventana al despertar y no estar obligado a mirar el mismo punto del cielo raso o el mismo viejo camisón colgado detrás de la puerta. Ver movimiento exterior, aunque sea el de las ramas de un árbol, supone una distracción y le hará sentirse más normal.

SEDANTES DE MADRUGADA

Si se despierta a las cuatro de la madrugada, le resultará difícil decidir si toma otro sedante, se levanta o simplemente se queda tumbado «pasando apuros». Aunque la familia se muestre dispuesta a compartir las dificultades, las cuatro de la madrugada es demasiado pronto para empezar el día. Hay muchas horas por delante para llenar hasta que la casa se ponga en marcha, y suelo aconsejar a los pacientes que tomen una mínima dosis de sedante. Con este objetivo, se receta un comprimido que actúa rápidamente y no produce mucha resaca. Aunque no consiga dormirse otra vez, gracias al efecto sedante de la medicina será capaz de permanecer en la cama y esperar hasta que sea la hora de levantarse. Cuando aconsejo levantarse inmediatamente después del despertar, no quiero decir que lo haga cuando la luna está en el cielo y el búho sentado sobre la valla.

Todo está tan silencioso durante la madrugada, tan sosegado. Para un enfermo nervioso que se despierta de madrugada, la quietud puede parecer amenazante e incluso el sonido del camión de la basura puede ser bienvenido. ¡Al menos alguien está vivo! Y luego llega el alivio de escuchar el movimiento de la casa, especialmente el ruido de los platos y las tazas.

Cierta vez mencioné la quietud de la madrugada a un paciente que vivía en el campo. Riéndose me dijo: «Doctora, es obvio que nunca ha vivido en el campo. Debería escuchar los animales de nuestra granja y el sonido de pesadas botas recorriendo la cocina al amanecer.» Quizá el sonido de unas pesadas botas esté reconfortando a alguien en este momento.

Los ruidos que se producen regularmente a una hora determinada —por ejemplo, una o dos veces a la semana— pueden representar un criterio para medir el progreso o el estancamiento. Cada martes al escuchar el camión de la basura, el ruido de las latas puede traer la esperanza o la desesperación de «otro maldito martes».

En ocasiones, el sujeto que se despierta de madrugada puede sentirse tan ansioso por volverse a dormir y evitar esas horas de espera, que permanece cada vez más despierto.

En mi opinión existe una etapa en el curso de una enfermedad nerviosa en que es necesario recurrir a un sedante. Es más aconsejable, si el enfermo está excitado, eliminar esas horas de sufrimiento en solitario que someterlo al agotamiento que implica vivirlas despierto —aceptando la situación durante un minuto y sintiéndose desbordado al minuto siguiente.

Sin embargo, si se despierta algo más tarde —a partir de las cinco de la madrugada—, no es momento para tomar un sedante. En este caso es aconsejable escuchar la radio, leer, tomar algo caliente. Tomar un sedante a partir de la cinco de la mañana dará como resultado que el cuerpo se sienta más pesado cuando más tarde intente levantarse para afrontar otro día.

UN CAMBIO DE VISIÓN

Se sorprendería usted al comprobar lo ventajoso que es cambiar su dormitorio o incluso la posición de su cama o las cortinas. Despertarse cada mañana viendo el mismo diseño de las cortinas que conoce en detalle, le recuerda todas las otras mañanas de sufrimiento que lo devuelven al atolladero que usted debe dejar atrás para salvarse. Los cambios son refrescantes, incluso un pequeño cambio como éste. Como ya he mencionado, un cambio atrae temporalmente su atención retirándola de usted mismo, y de este modo se sentirá usted más normal. Incluso un breve respiro del sufrimiento es alentador.

Por lo tanto, si se despierta usted con esa temida sensación matinal:

- Levántese de inmediato, dúchese, prepare una bebida caliente, escuche música alegre o, si tiene tiempo, salga a dar un paseo.
- No se deje tentar por la necesidad de permanecer en la cama hasta que «sus funciones corporales se pongan en movimiento»; levántese y póngase en movimiento usted mismo.
- Coloque su cama de forma que pueda ver el exterior al despertar.
- Si es posible, cambie su dormitorio; al menos ocasionalmente cambie la disposición de los muebles.
- Por encima de todo, acepte y no se desmoralice por las mañanas esperando que mejoren, ya que una mañana difícil no significa necesariamente que el día será difícil.

Capítulo 26

Depresión

UNA PERSONA EMOCIONALMENTE agotada por meses de conflictos y miedos se puede tornar apática, demostrando poco interés en lo que la rodea, o puede experimentar una agobiante e intensa sensación física de depresión, una pesadez nauseabunda en la boca del estómago. Se afirma que el estómago es el órgano más compasivo del cuerpo. Llora cuando otros órganos se enferman. Ciertamente es el punto esencial donde se focaliza la depresión.

La depresión es una de las peores fases de una crisis nerviosa porque sustrae el deseo de recuperación del enfermo. A pesar de todo, existen personas que pueden elevarse y tener esperanza en la recuperación, *independientemente de cuán grave sea su depresión,* y aspiran a evitar el tratamiento de electrochoque. Pero para todos aquellos que han perdido completamente el interés por recuperarse, lo más recomendable es dicho tratamiento. Si alguna persona deprimida piensa que recomiendo el electrochoque a todos los que se encuentran en su mismo estado, debo decir que *si usted está convencido de querer recuperarse sin pasar por esta prueba, lo conseguirá. No debe haber ningún error ni malinterpretación al respecto.*

Los antidepresivos modernos suponen una gran ayuda, pero, como los sedantes, deben ser recetados por un médico.

MANTENERSE OCUPADO

A pesar de que más adelante nos ocuparemos en detalle de la importancia de mantenerse ocupado, éste es el momento de mencionarlo porque constituye el pilar principal del tratamiento de la depresión.

Para curarse de la depresión, ¡MANTÉNGASE OCUPADO, ALÉJESE DE LA CAMA DURANTE EL DÍA!

Insisto en *la importancia de realizar alguna actividad en compañía de otras personas* para todos aquellos que sufren de depresión. He tenido ocasión de ver enfermos que estaban a punto de recuperarse, deteriorarse gravemente al ser privados repentinamente de una ocupación. Si está deprimido, *no intente recuperarse mirando cómo pasan los días e intentando llenarlos de cualquier forma.* Debe trazar un plan organizado para los próximos días, preferiblemente semanas, para tener la ilusión de vivirlos. Es difícil convencer a la familia del paciente de la importancia que tiene para él una ocupación. Ellos no se imaginan lo larga que puede ser una hora sin actividad para un enfermo nervioso. Su mente, cansada e interiorizada, es consciente de cada segundo que pasa, y por ello, una hora parece una eternidad y la tensión aumenta hasta tornarse insoportable. Esta situación resulta exasperante para un médico que sabe que el ocio, la tensión y la depresión forman una combinación que podría haberse evitado con la cooperación de la familia.

Es absolutamente necesario que los pensamientos se concentren en intereses exteriores para que el tiempo pase más deprisa, se elimine el esfuerzo y se alivie la depresión.

UNA PEQUEÑA EXPERIENCIA DIARIA FELIZ

Normalmente nuestro ánimo se mantiene alegre gracias a pequeñas experiencias diarias que nos ofrecen felicidad y de las que rara vez somos conscientes. Por ejemplo, mientras fregamos los utensilios e intentamos decidir si a continuación haremos las camas o regaremos el jardín, acariciamos la suave porcelana que tanto nos gusta y advertimos como brilla el sol sobre los geranios escarlatas que están en la ventana. Nuestro corazón se alegra, y cuando volvemos al dormitorio sacamos al gato de la cama con menos enfado de lo habitual. El enfermo nervioso a quien se le muestre un jardín lleno de geranios probablemente preguntaría: «¿Geranios? ¿Qué geranios?» La preocupación por sus problemas y por sí mismo obnubila su capacidad de observación y le impide disfrutar de estos pequeños placeres.

Muchas de estas pequeñas y felices experiencias lo están esperando para elevar su espíritu. El futuro no es tan negro como imagina. No necesita una gran felicidad para volver a disfrutar de la vida; lo conseguirá cuando tenga ojos para ver esas pequeñas cosas.

LA AISLADA PAZ DE LA SOLEDAD

Trabajar fuera de casa es especialmente importante en los casos de depresión. La luz, el cielo abierto, la ausencia de paredes, el movimiento, ayudan a mantener el espíritu elevado y a considerar los problemas objetivamente. La persona deprimida que carece de una fuente interior de placer en la que apoyarse depende casi completamente de un entorno alegre. Un ambiente melancólico resulta insoportable. En realidad, la reacción de una persona deprimida frente a la tristeza es tan exagerada que una situación ligeramente depresiva puede parecerle trágica. Cierta mujer aquejada de una enfermedad nerviosa fue a pasar unos días a la playa. Llegó a su destino al atardecer de un día gris y ventoso. Mientras bajaba del automóvil un aire racheado trajo el sonido de la banda de la música local que tocaba una melodía triste y al mismo tiempo una bandada de cuervos la sobrevoló mientras dejaba oír su siniestro canto: «¡Crau, Crau, Crau!» El efecto fue instantáneo y demoledor. Sintió que se le encogía el corazón y necesitó dos días de sol para recuperarse.

A menudo es aconsejable que una persona deprimida vaya al cine o salga a comer a un sitio bullicioso en vez de permanecer en la aislada paz de su soledad. La claridad y la diversión ayudan a conservar el interés y dan soporte a un espíritu que languidece.

UNA TREGUA PUEDE PONER DE RELIEVE EL SUFRIMIENTO

Algunos enfermos nerviosos se resisten a ir al cine por diversos motivos. Expresan que la sensación de irrealidad que experimentan allí les hace tomar más conciencia de la irreal sensación de inquietud que los acosa. Otros explican que al escuchar reír alegremente a otras personas sólo consiguen sentirse más solos y tristes. Algunos sienten que se pueden evadir mientras ven la película, pero luego tienen que volver a la dura realidad y afrontar su crisis otra vez experimentando un gran impacto que los hace sentirse más agobiados y desesperanzados que nunca. La tregua sólo ha conseguido poner de relieve su sufrimiento.

Estas extrañas experiencias hacen que una crisis nerviosa se torne un laberinto desconcertante y la mantienen viva como una constante fuente de tortura. Para salir del laberinto es preciso seguir adelante e ir al encuentro de estas experiencias en vez de intentar evitarlas; pero no es aconsejable desafiarlas ni buscarlas innecesariamente. Simplemente se las debe aceptar y estar preparado para dejar que el tiempo pase hasta que sea posible afrontarlas sin sufrimiento. Recuerde, todo aquello que lo golpea cuando usted no logra olvidar su sufrimiento *es simplemente un pensamiento*. USTED SE ESTÁ DEJANDO INTIMIDAR POR UN PENSAMIENTO. Y no debe hacerlo. ¿Por qué no intentar pensar en algo reconfortante en vez de pensar en algo que despierta temor? Esto no será fácil al comienzo, pero con la práctica será posible. En vez de pensar: «¡Dios mío, nunca escaparé de esta crisis!», usted puede pensar: «Fui capaz de olvidarme de ella durante un tiempo y pronto podré olvidarla completamente.» Reconozca que una gran parte de su crisis nerviosa se debe a *esos pensamientos que le producen temor*. Flote por encima de ellos. Si lo practica, lo logrará.

Afrontar su crisis nerviosa después de haberla olvidado momentáneamente es una experiencia que debe pasar diariamente. Cada vez será menos penosa si la afronta con aceptación y esperanza; de este modo la crisis parecerá cada vez menos abrumadora. Pero no estoy diciendo que deba usted afrontar todos los detalles de la crisis que lo asustan o deprimen, será más sabio evitar ciertas experiencias, especialmente si no resulta beneficioso hacerles frente. Por ejemplo, una mujer había tenido una experiencia especialmente inquietante y depresiva en el cine y más tarde no podía pasar por delante de una sala cinematográfica sin experimentar reacciones devastadoras. Su estado se había agravado por haber ido al cine «a intentar controlar sus sensaciones».

Le expliqué que sus reacciones actualmente eran desproporcionadas debido a la sobreexcitación de los nervios liberadores de adrenalina y que en el futuro no le afectaría de igual modo ir al cine. Ella debía afrontar y desenmascarar sus miedos para luego superarlos; pero ir al cine no resultó ventajoso y hubiera sido mejor evitar ese innecesario sufrimiento hasta que sus reacciones se calmaran. Me encargué de destacar que debía evitarlo *de una manera juiciosa y esperanzada y además sin sentir temor,* sabiendo que finalmente sólo existiría el recuerdo de la enfermedad. Era preciso que entendiera que la evitación tenía como objetivo impedir que volviera a abrirse *una herida.* No podría recuperarse rápidamente si evitaba de un modo temeroso ir al cine o si iba preparada para «luchar contra sus sensaciones». ¿Aprecian la diferencia entre estos dos enfoques? Es una de las claves para la recuperación.

VIVIR SOLO

Las personas sanas viven solas sin problemas porque poseen la energía y el interés necesarios para formar parte de su entorno. Para un enfermo nervioso, vivir solo es algo trágico y depresivo. Le recomiendo especialmente no vivir solo si atraviesa usted una crisis nerviosa. Abandone su casa provisoriamente y viva con algún amigo o incluso en una casa de huéspedes, es decir, cualquier lugar donde pueda vivir con otras personas. Pero, por el momento, no se deshaga de su casa, puesto que al recuperarse verá las cosas de otro modo y no es fácil encontrar una casa en la que vivir. No se comporte de una manera impulsiva.

LA DEPRESIÓN ESTÁ EN USTED Y NO EN EL MUNDO

Una persona deprimida debería recordar que una depresión es una sensación física que expresa el cansancio extremo de sus emociones. En cuanto deje usted de castigarse con el miedo, la lucha y la huida del miedo, se sentirá menos cansado y la depresión remitirá de forma gradual. Su cuerpo es como un coche con una batería descargada. Si intenta constantemente arrancar el coche, la batería no tiene tiempo de recargarse. Si usted es capaz de flotar sin castigar su cuerpo con el miedo y la preocupación, se recargará por sí mismo con *joie de vivre**. La depresión no es eterna. Aprenda a flotar en este periodo teniendo esperanza en el futuro.

Por encima de todo, recuerde que la depresión está en usted y no en el mundo, y que el mundo no es un lugar tan terrible. La depresión es una enfermedad igual que la gripe, y la naturaleza está a la espera para curar tanto a una como a otra, si usted lo desea. Pero la depresión trabaja en un círculo vicioso: el recuerdo del sufrimiento de ayer supone un mal inicio para hoy. Usted puede salir del círculo pensando: «Muy bien, ayer fue un mal día, es posible que hoy no sea muy bueno, pero si me lo propongo, a medida que pase el tiempo, los días serán cada vez mejores.» Cuando usted sea capaz de decir esto y lo crea, verá como sucede un milagro.

Recuerde:

- No importa lo deprimido se encuentre, la recuperación es posible.
- La depresión es una enfermedad pasajera.
- Los modernos antidepresivos son muy útiles.
- Manténgase alejado de la cama durante el día y busque una ocupación en compañía de otras personas.
- Organice un programa de ocupaciones.

---

* En francés en el original. (*N. de la T.*)

- Cuando una tregua ponga de relieve su sufrimiento, revise sus pensamientos y sustituya la desesperación por esperanza.
- Una vez más, la depresión es una enfermedad y la naturaleza está esperando para curarlo.

Capítulo 27

Pérdida de confianza

—— ♦ ——

LA PERSONA QUE SUFRE una crisis nerviosa invariablemente se queja de que ha perdido la confianza en sí mismo. Muchos sienten tal inestabilidad que creen que su personalidad se ha desintegrado. Este sentimiento se intensifica debido al bombardeo de súbitas e intensas reacciones emocionales ante un mínimo estímulo displacentero. Esta situación, para alguien que se encuentra sometido al estrés, es tan desconcertante e incluso abrumadora, que el paciente es incapaz de pensar con claridad. Además, se encuentra en un estado de agotamiento mental que lentifica sus pensamientos e incluso puede producir jaquecas. A causa de esto, el sujeto se muestra indeciso y vulnerable a la sugestión. No encuentra una fuerza interior en la que apoyarse; ningún yo interior que le indique la dirección a seguir. Esta falta de armonía interior retiene sus emociones, pensamientos y acciones y le hacen elegir la palabra «desintegración» para describir su estado.

Los refranes antiguos pueden ser sorprendentemente idóneos para describir una crisis nerviosa. Por ejemplo, cuando se dice «Recobrar la serenidad de ánimo» se describe perfectamente lo que debe hacer un enfermo nervioso. Es como si el sujeto debiera reunir los trozos dispersos de su personalidad y colocarlos en su sitio para llegar a convertirse en una persona integrada y con confianza en sí misma. Para lograrlo generalmente debe superar aquella debilidad de su carácter que ha contribuido a causar el colapso nervioso, de modo que mientras se recupera se integra en un plano superior, se convierte en una persona más segura de sí misma.

En cierta ocasión acudió a mi consulta un médico que había perdido su confianza después de una serie de contratiempos familiares, y sus nervios estaban tan agotados a causa del miedo y la preocupación que incluso habían afectado su trabajo. Poner una simple inyección le suponía un enorme esfuerzo. Cada día libraba sus batallas hasta que observó que el trabajo lo desbordaba. Sintió pánico y deseos de abandonar la medicina. Al describir su estado utilizó la palabra desintegración.

Le expliqué la causa de esa aparente desintegración y destaqué que podría continuar trabajando satisfactoriamente si, en vez de abordar cada situación con la rígida determinación de superarla, intentaba relajarse, aceptar que la situación era temporal y flotar por encima de las reacciones que provocaban los diferentes aspectos de su trabajo y que actualmente lo desbordaban. En otras palabras, debía poner lo mejor de él, serenarse y sentirse satisfecho con los resultados, reconociendo que sería una tontería esperar más en su actual estado de agotamiento. A continuación le expliqué detalladamente el significado de flotar.

El joven regresó más adelante convertido en una persona diferente. «He aprendido el truco de flotar», me dijo. Luego comentó que su primera experiencia al volver al hospital había sido difícil. En su estado nervioso había tenido que anestesiar a un paciente, y esto había sido particularmente engorroso. El cirujano, con el escalpelo en la mano le había comentado: «Supongo, doctor, que está usted enterado de que este paciente tiene el corazón débil.» El joven médico estaba a punto de abandonar su tarea cuando recordó mis palabras. Sabía que era capaz de anestesiar al paciente de modo que flotó a través de la idea negativa de que no era capaz de hacerlo, recordó que se trataba de un mero pensamiento y logró seguir adelante con serenidad. Y no volvió a sufrir más problemas.

No suelo aconsejar a todos los enfermos nerviosos que permanezcan en sus puestos de trabajo, particularmente si suponen una responsabilidad como la de este médico. Es preciso evaluar el problema de cada persona, y en algunas ocasiones puede ser aconsejable pedir una baja temporaria.

No se alarme por el término desintegración si no lo ha escuchado antes. Su personalidad no está verdaderamente desintegrada; el problema reside en los nervios liberadores de adrenalina que están sobreexcitados por el miedo y, a causa de la continua tensión, su mente funciona lentamente debido al agotamiento. Esto crea la ilusión de desintegración. Pero cuando sus reacciones emocionales se calmen, se sentirá integrado otra vez. Está usted atravesando una fase temporal. La integración y la confianza se recuperan al mismo tiempo; una depende de la otra y ambas de la paz mental.

¿Cuál es la causa de las recaídas? Una recaída normalmente se manifiesta en dos etapas: primero, la reacción exagerada del paciente frente a algún recuerdo o circunstancia inquietante, y luego la alarma que siente por el retorno de los antiguos y familiares síntomas nerviosos.

Cuando persiste la excitabilidad, una situación de estrés puede provocar el retorno de muchos antiguos síntomas, cuando no de todos ellos. Si el paciente comprende y acepta la situación, los síntomas remitirán gradualmente. Sin embargo, si se muestra temeroso y tenso al pensar: «¡Allí voy otra vez, deslizándome hacia atrás!», abrirá la puerta a la recaída. Por causa del segundo miedo —el miedo a la recaída— se encuentra usted entrampado en ese retroceso.

Un cuerpo sensibilizado puede continuar reaccionando intensa y rápidamente ante el estrés, incluso aunque el sujeto comprenda y haya alcanzado una etapa en la que ya no se inquieta por los síntomas. La recuperación física a menudo está por detrás de la comprensión y la aceptación, y es recomendable estar preparado para un ocasional acceso de irritabilidad; estar preparado es la mejor forma de defenderse. Debe pasar más tiempo; el camino es siempre progresivo.

Cuando se tiene suficiente práctica en entrar y salir de las recaídas, éstas pueden resultar amenazadoras, pero ya no asustan al paciente, y por este motivo desaparecen rápidamente. En realidad ya no se trata de una recaída —ni siquiera es un alto en el camino—, sino simplemente de una experiencia aceptada, incluso esperada, en el camino hacia la recuperación.

NACE UN NUEVO SENTIMIENTO

Al comienzo es posible que no sea usted capaz de aceptar con gran convicción los consejos dados en este libro. *Lo máximo que se puede esperar en principio es que usted decida intentarlo.* Descubrirá que esa decisión despierta un nuevo sentimiento, un tanto inestable aún, pero que, sin embargo, está a punto de nacer. La esperanza y la confianza aumentan al comprobar que el método es efectivo y el retorno de la confianza desempeña un papel muy importante en la recuperación. Recuerde que la fuerza de un músculo puede depender de la seguridad con lo que se lo utiliza.

Usted puede desesperar una y otra vez, pero esto no es importante si recuerda que nunca debe desesperarse totalmente y que siempre estará dispuesto a seguir adelante. Si lo consigue, un día recuperará la confianza que tanto necesita, aceptando relajadamente todas las extrañas sensaciones asociadas con sus crisis y manteniendo la determinación de no claudicar. Cuando le di este consejo a una mujer, ella me preguntó: «¿Cómo lograré no claudicar?» La respuesta es que nunca estará vencido mientras esté decidido seguir adelante.

UN PROGRESO POCO UNIFORME

En el camino de la recuperación existen muchos fracasos temporales. Es como caminar a través de las estribaciones de la montaña hacia la cima. A menudo el camino desciende y es difícil advertir que, a pesar de todo, aún está subiendo la montaña. Este aspecto accidentado de la recuperación es agotador y frustrante. Recuerdo un joven que expresaba su estado diciendo: «Estoy cansado de estar un minuto en lo alto y nuevamente abajo en el siguiente. Preferiría quedarme todo el tiempo abajo y rendirme.»

Es preciso saber que justamente al pensar que ya se ha llegado a la meta y se ha conseguido encontrarse mejor, puede tener lugar la peor de las recaídas. Usted puede perder mucha energía intentando comprender por qué ha sucedido esto. Un paciente comentaba: «La semana pasada ha sido maravillosa, quizá la mejor de los últimos tiempos y, no obstante, el fin de semana ha sido terrible; me sentí peor que nunca. ¿Cómo es posible?»

Quizá algún acontecimiento trivial había provocado su recaída. ¿Pero es tan importante descubrirlo? El paciente siempre siente extrañeza cuando le ocurre esto, pero en realidad sólo es importante que mañana es otro día y que podría ser el mejor, independientemente de lo angustiante que haya sido el día de ayer o el de hoy. No se debe medir el progreso día a día. *Mirar hacia delante con esperanza y confianza supone una enorme ayuda. Permite que el paciente pase uno y otro día hasta que supera su enfermedad.*

Este proceso de deslizarse hacia atrás es fácil de comprender. El pasado contiene muchos recuerdos dolorosos para una persona que ha sufrido una crisis nerviosa, incluso una ligera recaída pondrá de manifiesto un montón de recuerdos que lo harán sucumbir. Lleva tiempo eliminar esos recuerdos, pero una vez que se haya liberado de algunos de ellos crecerá la confianza y ya no volvera a sumirse en la desesperación tan rápidamente. Cuando se ha reconquistado la confianza por los propios medios, nada logrará desvanecerla; ninguna derrota futura podrá destruirla. En momentos de desesperación puede creer que ese sentimiento de seguridad se ha desvanecido, pero el recuerdo de sucesos pasados, por pequeños que sean, brindan el coraje necesario para intentarlo otra vez.

Por lo tanto, reconozca que:

- La desintegración no es más que un bombardeo de reacciones emocionales exageradas acompañadas por un pensamiento lento y confuso, y está motivada por el agotamiento mental y emocional.
- La integración devolverá la paz mental y física.
- La confianza nace del hecho de seguir adelante a pesar de las derrotas.
- A pesar de que el camino hacia la recuperación no es uniforme, la principal dirección es ascendente.
- La confianza que nace a partir de la propia experiencia nunca lo abandonará completamente.

Capítulo 28

Dificultad para conectar con otras personas

—— ♦ ——

MUCHOS ENFERMOS NERVIOSOS no sólo se quejan de haber perdido la confianza sino también de no sentirse parte del mundo. Es bastante usual escucharlos decir: «No puedo relacionarme con otras personas; es como si ellos habitaran un mundo y yo otro. A pesar de intentarlo, no me siento capaz de encontrar el camino hacia su mundo. ¿Estoy enloqueciendo?»

Al estar desesperadamente preocupados por nuestros propios problemas, no es sencillo interesarse por el nuevo coche del vecino. Aún es más difícil para quien sufre una crisis nerviosa, puesto que la disminución del interés que se experimenta en ese estado conduce a una sensación de retirada del mundo. No es fácil contactar con las personas si, mientras hablamos con ellas, nuestra mente está continuamente reverberando alrededor de nosotros mismos. El mundo de introspección en el que vive el enfermo nervioso está cargado con un sufrimiento tan intenso que le resulta imposible sintonizar con una persona que se ría alegremente. El sufrimiento introspectivo lo ha apartado del mundo normal y no se sentirá parte de él hasta que sus intereses se retiren de su persona para volcarse en el exterior.

Esta incapacidad de sentirse parte del mundo que lo rodea está acentuada por su impaciencia por salir rápidamente hacia la normalidad; es decir, por su prisa por recuperarse a la mayor brevedad posible. El cambio es generalmente gradual, y el enfermo puede tardar semanas hasta sentir interés por la vida cotidiana y luego formar parte de ella.

LAS EMOCIONES NORMALES ESTÁN CONGELADAS

La sensación de pérdida de contacto con otras personas puede ser tan intensa que algunos pacientes se quejan de no sentir amor por aquellos a quien querían, incluso por sus propios hijos. Es como si tuvieran un vacío donde deberían estar los sentimientos. Estos enfermos han complicado su sensación de retiro agotando su capacidad para experimentar emociones normales; durante mucho tiempo han sentido miedos intensos.

Estas personas no deben incurrir en el error de forzar los sentimientos normales, sino que deben esperar que retornen por sí solos, como sucede de un modo inevitable. Parece como si sus emociones normales estuvieran congeladas y ellos deben esperar que se derritan. Una mujer se quejaba especialmente de no haber sentido nada en relación con su marido y sus dos niños durante meses. Después de seis meses de tratamiento alejada de su familia, iba a recibirlos por primera vez y estaba muy preocupada pensando qué sentiría por ellos al verlos. Le expliqué que estaba dramatizando la situación con su excesiva preocupación. Ella creía que, habiendo perdido contacto con su familia durante tanto tiempo, era bastante improbable que sus sentimientos se hubieran modificado en tan sólo seis semanas, especialmente cuando la situación le despertaba tanta ansiedad. *Debía prepararse para dejar que pasara más tiempo y no esperar un progreso diario durante la visita de su familia.* En cuanto aceptara la idea de esperar más tiempo, se liberaría de gran parte de su tensión y ansiedad y se sorprendería al descubrir que podían ser felices otra vez.

UNA SENSACIÓN DE EXTRAÑEZA ANTE EL COMPORTAMIENTO DE LOS DEMÁS

A causa de esa sensación de retirada del mundo que padece un enfermo nervioso, éste puede sentirse tan ajeno al círculo familiar que su imaginación puede fabricar una situación emocionalmente comprometida a partir de una nimiedad. La mujer que acabo de describir, además de sentirse incapaz de relacionarse con su familia, se imaginaba que sus hijos ya no la querían y que incluso estarían mejor sin ella. Hubiera sido capaz de contarme una gran variedad de situaciones extrañas si le hubiera dado tiempo.

Le expliqué que el comportamiento de los niños era un mero reflejo del suyo. Ellos se sentían extraños porque ella actuaba de un modo muy particular al estar permanentemente pendiente de lo que hacían o decían. Si pudiera volver a ser simplemente «mamá», prepararles la comida, o hablar con sus amigos como solía hacer, en vez de analizar el comportamiento de los niños en relación con ella, sus hijos pronto volverían a ser los niños normales que siempre habían sido y esto es lo que ellos más deseaban.

DEMASIADO CONTACTO CON LOS DEMÁS

En contraste con una pérdida de contacto con los demás, algunas enfermas nerviosas se quejan de estar demasiado pendientes de la familia. Lo expresan del siguiente modo: «No es justo que una madre enferma deba sentir que la felicidad de los demás depende de ella. ¿Por qué es siempre necesario el esfuerzo de la madre para que todos sean felices? ¿Por qué no intentan ellos hacerme feliz, para cambiar un poco? ¡En cuanto me enfermo todos se derrumban!»

La respuesta es simple. Cuando la madre se encuentra bien, es la cuerda que mantiene unida a la familia. Cuando la madre se enferma, la cuerda se corta y la familia sólo desea que se recupere para que las cosas vuelvan a estar en orden. Nunca piensan en la posibilidad de ponerse en su lugar y convertirse en una pequeña cuerda que tira de ellos mismos. Se limitan a suspirar tristemente y a esperar a que la mano que mecía la cuna comience a mecerla otra vez. Cierta vez le decía a una jovencita: «¿Por qué te quejas si la nevera está llena de comida? y ella me contestó: «No me gusta ir a la nevera y buscar algo para comer; lo que quiero es que mi madre esté conmigo mientras como.»

HABLAR DE UNO MISMO

Es fácil que un enfermo nervioso se torne susceptible y suspicaz debido a una sensación de estar retirado del mundo. Es probable que imagine que sus amigos hablan de él, y en algunos casos no estará desacertado. Ellos advierten su apariencia tensa y descuidada, y su aire ausente, y se preocupan por él, de modo que cuando vuelve a entrar en la habitación que acaba de abandonar, es bastante probable que en ocasiones la conversación se detenga abruptamente.

No se muestre desconcertado por lo que considera es un comportamiento extraño de los demás con respecto a usted. No lo cuestione, acéptelo. Encójase de hombros y piense: «No voy a hacer el tonto. Todo se arreglará en el momento oportuno. El tiempo se encargará de solucionarlo.» Y así será.

No pierda de vista la paz que le traerá la recuperación y deje que el tiempo lo acerque a ella.

De modo que:

- Cuando camine por las calles preguntándose si volverá alguna vez a habitar el mismo mundo que los demás, recuerde que lo conseguirá en cuanto pierda el interés por su mundo de miedos.
- No intente forzarse a sentir normalmente; deje que el tiempo lo haga por usted.
- Si cree que otros tienen una actitud extraña con usted, encójase de hombros.

Capítulo 29

Dificultad para volver a casa

A MENUDO ES ACONSEJABLE que el paciente se traslade para lograr una recuperación más rápida. Sin embargo, finalmente llega el momento en el que la recuperación ha progresado lo suficiente como para garantizar el retorno al hogar. A lo mejor usted se encuentra en esta situación y la idea de volver a casa le pesa porque piensa: «¿Cómo reaccionaré al estar en casa? ¿Tendré una recaída?» Cuando vuelva a casa después de haberse recuperado por haber aprendido a flotar y a aceptar, sabrá exactamente cómo actuar, porque debe aplicar el mismo principio. No debe luchar; no debe concentrarse en sus sentimientos; no debe cuestionarse «¿Me gusta esto? ¿Me gusta aquello?»

No es importante cómo se sienta cuando llegue a su casa, puesto que sus sentimientos tenderán a ser confusos. Se alegrará de estar en casa; sentirá temor de estar en casa; le inquietará volver a ver los lugares donde ha sufrido; estará contento de encontrarse entre las personas que ama y temeroso de desilusionarnos si vuelve a enfermar. *Tenga en cuenta que ninguno de estos sentimientos es permanente y que, por lo tanto, nin-*

guno de ellos tiene importancia. Admita esos sentimientos pero no se ocupe demasiado de ellos. Acepte que probablemente tendrá sentimientos contradictorios durante un tiempo. ¿Quién no los tendría? Hable de ellos con un miembro de su familia que sea comprensivo. Poner palabras a sus miedos le ayudará a disiparlos más rápidamente, y convénzase de que la *aceptación resignada de todos los sentimientos extraños los eliminará* de una forma gradual. Ya sabe que la aceptación apacigua las sensaciones de una crisis nerviosa, y debe saber que también calmará su aprehensión.

A pesar de su determinación, es posible que al llegar a casa sienta que se encuentra peor. Quizá lo dejen solo durante todo el día y, después de haber estado constantemente acompañado cuando estaba fuera de casa, el contraste puede ser especialmente intenso. También puede suceder que, a pesar de haberse preparado para enfrentar los recuerdos angustiantes, el contacto real con ellos resulte demasiado inquietante y usted no logre diferenciar entre la realidad y los recuerdos. De este modo, mientras deambula de una a otra habitación, asaltado por penosas evocaciones, es probable que sienta pánico y piense que está «volviendo atrás». Entonces usted se preguntará: «¿Por qué no puedo ser feliz en mi propia casa? ¿Por qué me sucede esto? No sólo no me encuentro mejor, sino que en realidad estaba mucho mejor cuando no estaba aquí. ¿Qué es lo que me pasa?»

Ésta es su casa y usted está a gusto en ella, pero también es el sitio donde ha padecido y no es humanamente posible olvidarse de inmediato del dolor sufrido. Seguramente recordará a la mujer que afirmaba ser incapaz de «contenerse». Finalmente logró curarse y después de unas vacaciones me llamó para comunicarme alegremente lo bien que se encontraba y me anunció que vendría a verme al día siguiente. Cuando llegó tenía una buena apariencia, pero no estaba tan radiante como cuando me había llamado por teléfono el día anterior. En verdad, observé una sombra de su antigua mirada temerosa y le comenté: «Seguramente estás sorprendida porque en cuanto te has sentado en ese sitio tan familiar, han retornado tus miedos.» Ella respondió: «Volvieron a manifestarse antes de sentarme, doctora, ni bien puse mi pie en el primer escalón. ¿Qué es lo que me pasa?»

Entonces le expliqué: «Serías un mago si hubieras conseguido desvanecer inmediatamente el recuerdo del sufrimiento que está asociado a esas escaleras. Pero debes comprender que *es sólo un recuerdo* y no debes dejarte acobardar. Flota por encima de él, y la próxima vez que vengas te resultará menos doloroso.» Se marchó aliviada y alegre.

Por lo tanto, si se enfrenta con una situación similar, acepte la posibilidad de ser acosado por recuerdos penosos al regresar a su casa, pero flote por encima de ellos, y advierta que cuando pasen los días esos recuerdos se debilitarán y llegarán a ser reemplazados por recuerdos alegres. Mientras esto sucede, el convencimiento de que se está recuperando le brindará alivio y placer, ayudándole a olvidar el sufrimiento pasado. Sentarse tranquilamente para hablar con un amigo supondrá en principio un especial deleite, y gradualmente volverá a formar parte de la vida normal. Y así es como debería ser.

En ocasiones, quizá pasarán semanas e incluso meses después de volver a casa hasta que logre olvidar los límites más estridentes de su crisis nerviosa, y algún estímulo que lo encuentre desprevenido puede provocar momentáneamente algunas de las viejas sensaciones. Es posible que usted se asuste pensando que todo volverá a repetirse, pero luego recordará que ya se ha curado y advertirá que podría hacerlo de nuevo si fuera necesario, entonces sus miedos se calmarán y usted pensará: «¿Por qué he de preocuparme de que todo comience otra vez?» y no lo hará. Flotará por encima del recuerdo penoso.

El núcleo interior de su confianza permanece firme como una roca para oponerse a cualquier idea destructiva. Esa es su seguridad frente a cualquier posible crisis nerviosa. Al comprender ya no teme. Conoce la entrada, pero también la salida. NUNCA VOLVERÁ A PERDERSE OTRA VEZ EN ESE LABERINTO. HA SIDO RESCATADO DEL DESCONCIERTO.

Por lo tanto:

- Regrese a casa confiadamente.
- Reconozca la diferencia entre el recuerdo y la realidad.
- No se deje intimidar por los recuerdos.

AFRONTAR NUEVAMENTE LA CAUSA DE SU ENFERMEDAD

Resulta muy alentador si, cuando está a punto de regresar a su hogar después de haber superado su crisis nerviosa, su familia le dice: «Todo está cambiado en casa. Hemos comprendido lo que te ha hecho enfermar y no tendrás que enfrentarlo otra vez.» Ahora puede usted navegar hacia su casa con todas las velas desplegadas. Sin embargo, es más frecuente que la familia manifieste: «Has estado fuera durante meses, y ya deberías estar curado. Cuanto antes vuelvas a casa, mucho mejor.» Y nadie menciona ningún cambio.

Apartarse del motivo del conflicto permite darle un tiempo a las emociones para que se calmen, de modo que cuando usted piense en sus problemas sus reacciones serán probablemente menos exageradas. Ha tenido tiempo para estar a solas con el fin de «elevarse por encima de la situación». Para decirlo de otra forma, los nervios liberadores de adrenalina que estaban agotados, una vez alejados de la fuente de una irritación constante, han tenido tiempo para recuperarse y no provocar reacciones exageradas ante el mero hecho de que usted se detenga a pensar en sus problemas. Usted es capaz de pensar en ellos sin implicarse demasiado afectivamente.

Pero lograr serenarse y tener la esperanza de que la situación se modifique no es suficiente. Usted está demasiado vulnerable. Por debajo de esa calma se pregunta cuánto tiempo logrará mantenerse sereno sin quebrarse. Para sentirse más seguro debe volver a casa con un plan de acción; debe tener un punto de vista aceptable en relación con su problema.

Si su sufrimiento pasado ha sido lo suficientemente grave como para causar una crisis nerviosa y, a pesar de todo, regresar a su casa donde se enfrentará con la causa de ese sufrimiento, resulta obvio que debe tener muy buenas razones para volver. La inclinación natural es correr en la dirección contraria.

Si vuelve a casa simplemente porque no tiene otro sitio donde ir, porque no tiene dinero ni posibilidades para ganarlo y no tiene ningún interés en conseguir un empleo para el que no está preparado aunque esto representaría vivir tranquilamente lejos de casa, debe usted admitir que no es un pobre hombre perseguido cuyo destino insiste en complicarle la vida, sino una persona común que insiste en poner su propia cabeza en la guillotina. Deje de considerarse un mártir, y, una vez que lo haya conseguido, su situación familiar le parecerá más tolerable. Aparentemente, lo que tiene por delante no es tan malo cuando ha decidido regresar por su propia decisión.

Por ejemplo, si usted vuelve al hogar a pesar de que su marido sale por las noches y vuelve completamente borracho, es evidente que ha decidido que no es un padre tan malo cuando está sobrio, y que para los niños es más conveniente vivir con ese padre que sin él. Entonces, en vez de molestarse cuando él sale por las noches, déjele la comida en el horno y ocúpese de otra cosa. Usted ha elegido formar un hogar para sus hijos, de modo que no lo convierta en un campo de batalla. Es sorprendente comprobar que cuando se modifica la forma de analizar una situación, ésta se modifica.

De modo que:

- Comprenda la razón por la que vuelve a casa.
- No pierda de vista esa idea.
- No coloque su propia cabeza en la guillotina e intente mejorar la situación.

Capítulo 30

Aprehensión

◆

LA SOMBRA DE LA SOMBRA

AUNQUE LA PERSONA que se recupera de una crisis nerviosa ya no se muestre tan temerosa, puede ser incapaz de deshacerse de una sensación de aprehensión. Esto la desconcierta y piensa: «¿Por qué siento esta vaga sensación de ansiedad como si algo terrible estuviera a punto de suceder? No tengo de qué preocuparme, ¿por qué me siento así?»

Lo más probable es que esta sensación surja cuando el enfermo se despierta, antes de tener tiempo de revisar los aspectos más gratos de la situación y volver a orientarse. Se trata de un hábito emocional producido por los meses o años en los que se ha sufrido una ansiedad real. Se lo ha denominado la «sombra de la sombra».

La mayoría de nosotros hemos experimentado esa sensación. Es bastante común en la mediana edad, cuando muchas personas se sumen en la aflicción. La salud que aceptábamos como nuestro derecho, el cuerpo del que no teníamos que ocuparnos, pueden darnos una desagradable sorpresa y quizá podríamos vernos obligados a pasar alguna temporada en el hospital. Con frecuencia es en esta etapa de la vida donde aparecen los problemas familiares. Se debe cuidar de los padres enfermos o asumir su muerte. Los hijos han crecido y muchas noches y madrugadas se espera escuchar la llave en la puerta antes de poder conciliar el sueño. Los problemas se suceden tan rápidamente que, incluso cuando no se manifiestan, pensamos que están latentes esperando el momento indicado para volver a irrumpir.

Sólo el tiempo y la aceptación pueden desvanecer estos conflictos aunque, sin embargo, a veces es necesario buscar la ayuda de un médico.

Con frecuencia, la paciente se describe a sí misma (normalmente se trata de una mujer) como sintiéndose más «derrumbada» que deprimida o desdichada. Se desmoraliza con facilidad. Si, por ejemplo, se le ocurre: «Sería fantástico ver a Alice», el mero hecho de tener que ducharse y vestirse la hará desistir de su deseo. Si Alice pudiera materializarse y decir unas palabras, sería un gran placer para ella; pero vestirse y viajar en autobús resulta un esfuerzo que no se siente capaz de realizar. Planear cualquier actividad placentera le resulta una complicación.

Estas personas llegan a la consulta casi llorando, puesto que piensan que tienen un problema real. ¿Cómo volver a ser lo que eran? ¿Se están volviendo locos? ¿O (si están esperanzados) es este el «cambio»?

Muchos se siente aliviados al escuchar que no son diferentes a otras personas que han pasado por este periodo de la vida. Les reconforta especialmente comprender que su problema es un hábito emocional y no mental, y que pueden curarse.

Esa cura se aplica también a usted si, al recuperarse de una crisis nerviosa, conserva un fondo de ansiedad que no puede entender. Debe eliminar el hábito de llevar la ansiedad con usted a todas partes. En primer lugar, *haga el esfuerzo de ir a ver a Alice.* Debe quebrar un hábito, perder la sombra de una sombra, y la manera más rápida de hacerlo es sustituirlo con otros recuerdos o sensaciones. Cuando logre deshacerse de la sombra de la sombra, descubrirá con sorpresa que los sentimientos normales están muy cerca de la superficie. Podrá salir a ver a sus amigos con cierta inquietud por tener que viajar en autobús, pero después de haber hablado con ellos se sentirá sorprendentemente mejor y en el viaje de regreso incluso se mostrará amable ofreciéndole el asiento a algún pasajero.

No es fácil elevar el ánimo permaneciendo en casa pendiente de uno mismo mientras el tiempo pasa. Es esencial salir para evitar la sombra que se cierne sobre la casa y encontrarse con otras personas. Muchas amas de casa de mediana edad encuentran trabajos temporales para eludir esta sensación y se encuentran mucho mejor por el cambio de escena diario, hasta el punto que normalmente la ocupación temporal termina siendo permanente.

También puede cambiar el modelo cotidiano de sus sensaciones mimándose un poco cada día. Por ejemplo, cierta ama de casa escribió a una revista describiendo cómo había logrado superar un estado de aprehensión mediante gestos diarios de autoindulgencia. Cuando veía violetas en la tienda de flores, en vez de pensar, como solía hacerlo: «¡Qué precio tienen las violetas!», las compraba y las disfrutaba durante todo el día, deteniéndose junto a ellas para sentir su aroma y admirarlas. Estaba modificando el patrón de sus emociones, introduciendo intencionadamente momentos felices. Sea complaciente consigo mismo para dejar crecer un sentimiento de felicidad que reemplace gradualmente la ansiedad. Haga el esfuerzo para eliminar la sombra de la sombra y no se olvide de las violetas.

Capítulo 31

Tres buenos amigos: ocupación, coraje y religión

A ESTAS ALTURAS usted considerará que una crisis nerviosa es el resultado de un agotamiento mental y emocional generado y mantenido por el miedo. La mayoría de nosotros experimentamos, hasta un cierto punto, este tipo de sufrimiento durante el curso normal de nuestra vida y, por lo tanto, podríamos decir que una crisis nerviosa no es más que una experiencia normal magnificada. No existe ningún monstruo aguardando para devorarnos; ningún precipicio al que podamos caer «si no prestamos atención»; ningún punto en especial más allá del cual la recuperación sea particularmente difícil. *Si perdemos nuestros miedos, seremos capaces de salir de la crisis en cualquier momento y en cualquier lugar.* Posiblemente no lo conseguiremos de una manera inmediata, pero sí en un periodo de tiempo asombrosamente breve.

Es probable que sienta usted que el destino está decidido a empujarlo hacia atrás en cualquier oportunidad que se le presente durante su recuperación. Pero seguramente le alegrará saber que, a pesar del destino, existen tres buenos amigos que nunca le fallarán: la ocupación, el coraje y la religión.

OCUPACIÓN

Para un enfermo nervioso el ocio puede significar una tortura, cada momento una eternidad y la tensión casi insoportable. La mente se agita y, sin embargo, controla cada segundo que pasa. Ningún autocastigo puede detenerla, el enfermo no es capaz de liberarse de esta situación a menos que disponga de alguna muleta que ofrezca descanso a su mente cansada. *La mejor muleta es encontrar una ocupación en compañía de otras personas.* Sin embargo, es fundamental que no esté constantemente pendiente de sus problemas y que no se entregue a una actividad como un modo de luchar contra ellos, pues de ese modo sólo conseguirá sentirse aún más agotado y desconcertado.

Esta persona debe, en primer lugar, *encontrar alguna solución para su problema o comprometerse con él, buscando ayuda si fuera necesario; debe prepararse para dejar de luchar y flotar hacia la recuperación, aceptando todas las trampas que le tienden sus nervios mientras intenta olvidarse de sí mismo mediante una tarea.*

Cuando uno está ocupado, logra dividir la mente en dos partes, la parte sufriente y una nueva parte que acepta y flota. A pesar de este nuevo enfoque, la parte que sufre seguirá padeciendo en alguna medida debido a los problemas que la acechan como un telón de fondo, *pero como un telón de fondo.* En este momento la ocupación es una bendición, ya que reclama la atención del enfermo y actúa como una muleta para la mente agotada, reemplazando los pensamientos penosos por otros impersonales hasta eliminar gradualmente el sufrimiento. Repito que *esto únicamente sucede cuando el patrón emocional es la aceptación y la fe en una próxima curación sin resistencia, resentimiento, lucha ni miedo.*

Desgraciadamente muchas de las personas que sufren enfermedades nerviosas son de mediana edad y no es fácil encontrar una ocupación para ellos; más aún si son mujeres. Los hombres pueden a menudo conservar su puesto de trabajo, que le ofrece un cambio de escena y compañía.

Un hombre de mediana edad había estado representando a su empresa en el extranjero realizando unas gestiones que suponían un gran esfuerzo mental, competencia, una ardua carrera contra el tiempo y pocas horas de sueño. Se sumió en un estado de agotamiento justamente cuando necesitaba estar a pleno rendimiento y sintió pánico al pensar en un posible fracaso. Concluyó su trabajo y volvió a casa, aunque ya se encontraba en un estado avanzado de un «colapso» nervioso que se prolongó dos años. Se le indicaron diversos tratamientos que no reportaron beneficios duraderos y, cuando me consultó, estaba desesperado. Me explicó que se encontraba tan mal que cada pensamiento era una carga, y esto era particularmente angustiante porque su trabajo como ingeniero suponía una actividad mental intensa. En muchas ocasiones había intentado volver al trabajo pero siempre se había rendido y había regresado a casa desesperado y en peor estado que nunca. Según él, nadie podría haber luchado más arduamente. Le indiqué cuáles habían sido sus errores y le aconsejé lo que debía hacer. Exclamó: «Lo que dice parece demasiado simple, pero lo intentaré.»

Como estaba físicamente agotado, le sugerí que se quedara en casa y se ocupara de reacondicionar un viejo coche durante algunas semanas. Al cabo de ese tiempo se encontraba mucho mejor, pero aún temía regresar a su trabajo. Una vez más le recordé las equivocaciones cometidas en el pasado, y le recordé que su cerebro no estaba enfermo, como él pensaba, que era capaz de hacer cálculos complicados aunque con mayor lentitud. También le demostré que cuando había comenzado a hacer cálculos, previamente había levantado un muro de miedos y falta de confianza. ¿Cómo podía esperar que una mente agotada y, como consecuencia, altamente sugestionable superara ese escollo y fuera capaz de trabajar de un modo satisfactorio? Su cerebro estaba tan cansado, debido a los pensamientos desesperados, que sólo podía funcionar pausadamente. ¡Qué magnífico mecanismo que consigue trabajar incluso en estas circunstancias!

Destaqué que debía estar preparado para analizar varias veces sus problemas de ingeniería antes de encontrar la solución. E incluso debía aceptar que quizá no fuera capaz de resolver algunos de esos problemas. *No debía empeñarse en resolverlos, intentando probarse a sí mismo que podía hacerlo.* Debía relajarse al máximo de sus posibilidades, respirar sosegadamente y entregarse al ritmo que su cansado cerebro le indicara. En estas circunstancias, ¿cómo podría pensar rápidamente?

Y, además, no debía preocuparse por hacer el ridículo delante de los demás. ¿Qué importancia tenían las otras personas? Quien sabe si el día de mañana cualquiera de ellos llamaría a su puerta en busca de ayuda.

Una y otra vez le expliqué que la calidad de su actividad mental no se había modificado, simplemente funcionaba con mayor lentitud debido al agotamiento causado a su vez por el miedo y la tensión.

Después de algunos meses este hombre llegó a recuperarse siguiendo mis consejos. No fue una tarea fácil, pero nunca es sencillo alcanzar un objetivo que merece la pena. Ahora es un alto ejecutivo en su empresa y está mucho más integrado que antes de su enfermedad. Y lo que es más importante, ya no es vulnerable. Si sus nervios comienzan a tenderle viejas trampas, *se relaja y las acepta*, no intenta combatirlas. La relajación y la aceptación son el mejor antídoto para una enfermedad nerviosa.

Este hombre fue muy afortunado ya que disfrutaba de condiciones muy favorables para su recuperación. Su puesto de trabajo lo esperaba y pudo volver a él gradualmente a la medida de sus posibilidades. También tenía una esposa comprensiva, aunque ella también se sentía desconcertada, dolida y asustada en ocasiones. Un médico puede ayudar mucho al paciente si se toma el tiempo de explicar qué es una enfermedad nerviosa al cónyuge.

La situación entre marido y mujer puede tornarse complicada. Si quien no es capaz de tomar ninguna decisión porque su mente está cansada es el marido, seguramente solicitará consejo y ayuda a su mujer incluso para cuestiones sin importancia. Luego, estimando que su actitud refleja debilidad, actuará sin tener en cuenta el consejo, en un patético esfuerzo por reafirmar su virilidad y restaurar su dignidad frente a los ojos de la esposa y ante sí mismo. No es sorprendente que algunas esposas se desesperen.

■ Amas de casa de mediana edad

Los hombres gozan normalmente de un trabajo fuera de casa, y gracias a ello se ocupan de sus problemas con cierta perspectiva y se recuperan más rápidamente de una crisis nerviosa que un ama de casa que sólo se dedica a hacer camas, barrer suelos y fregar y sólo puede conversar con los niños o con los vendedores al salir a hacer la compra. No tiene un trabajo que la distraiga, lo hace automáticamente y en un lugar donde todo le recuerda su sufrimiento. Su primer ataque de palpitaciones puede haber surgido cierto día que estaba fregando, y el fregadero es ahora una fuente de temores para ella. Normalmente, los hijos de esta mujer ya han abandonado la casa familiar y ella termina las tareas domésticas antes del mediodía y tiene por delante un montón de horas para llenar. No siempre puede pasar el rato con sus vecinas, independiente de cuán solidarias sean ellas.

Una paciente describía por escrito cómo se había sentido cuando su familia se marchaba por la mañana. Reproduzco literalmente sus palabras: «Me embarga una vaga sensación. Siento que la cara me arde, no puedo dejar de tragar, mis labios están secos y temblorosos, lloro y siento que me ahogo, siento ardor en el estómago. No quiero estar sola, cierro mis manos y están tensas, los músculos del cuello están rígidos, siento las piernas débiles, tengo sensaciones en la cabeza. Ahora deseo apretar los puños. Me he sentado en la mesa de la terraza y esto es algo que era incapaz de hacer. Cuando experimentaba todas estas sensaciones mi primer impulso era salir a la calle y caminar. Ahora me encuentro un poco mejor. Mi marido se ha marchado. Solía sentirme fatal cuando se alejaba en su coche. Voy a intentar ser razonable, entrar en la casa, fregar y hablar con el perro.»

Al día siguiente escribió: «Me desperté pensando que debía irme con mi marido, pero esto no es posible. Más tarde las sensaciones de soledad me envolvieron nuevamente. Mañana se marcharán más temprano y será aún peor. Siento que me ahogo y que las paredes se cierran a mi alrededor. Todavía me siento tensa pero trataré de ocuparme de la casa. Debo esperar todo el día hasta que vuelvan. Esto me parece un problema insalvable.»

Evidentemente esta mujer no debería permanecer sola en casa intentando llenar sus horas libres.

Si un paciente con estas características no puede abandonar momentáneamente su casa, el médico debería ir a visitarlo y observar las condiciones en las que está tratando recuperarse. A esta mujer le aconsejé que pasara largos ratos en el porche de su casa, y al hacerlo se sintió mucho mejor. Lo que yo ignoraba era que el porche estaba cercado y que, desde su asiento, no podía ver el exterior. Al enterarme, le indiqué que recortara la valla de madera, pero en primer lugar le aconsejé que se trasladara a otro sitio.

Para las amas de casa intento encontrar una actividad creativa que no requiera demasiada concentración. A veces resulta difícil convencer al marido que es mejor para su mujer asistir a alguna clase de flores artificiales que quedarse en casa guisando. La respuesta puede ser: «Si puede arreglar flores, ¿por qué no puede hacer la cena?»

Si usted es un ama de casa y está aquejada de una enfermedad nerviosa, no se sienta culpable si desea abandonar los platos sucios para dedicarse a las flores artificiales, a alimentar perros o cavar en el jardín. Las tareas de la casa no son nada interesantes para una enferma nerviosa, y como el interés es la fuerza que la ayudará a abandonar la cama y recuperarse de su crisis nerviosa, encuéntrelo donde sea.

Una mujer que entrevisté hace poco tiempo estaba postrada en la cama. Se disculpó por el estado en que se encontraba su casa, en especial la terraza, alegando que no tenía la fuerza necesaria para trabajar y que la terraza necesitaba una mano de pintura desde hacía meses.

Le sugería que comenzara a pintarla al día siguiente, y me miró con asombro. ¿Cómo podría pintarla si casi no podía trasladarse de una habitación a otra? Noté que se preguntaba qué clase de médico había ido a verla.

Le pregunté cuánto tiempo hacía que estaba en la cama, y ella respondió: «Tres meses.»

«¿Se siente mejor?», pregunté.

Vaciló un momento y dijo: «No, por eso la he mandado llamar.»

Le aseguré que no estaba bromeando con la pintura y le pedí a su escéptico marido que al día siguiente trajera el material necesario para pintar la terraza. Podía empezar retirando la pintura del marco de una de las ventanas; esto no resultaría tan agotador como parecía puesto que la pintura estaba desprendiéndose por sí misma.

También le aseguré que no tendría ninguna importancia si en el primer intento sólo era capaz de despegar la pintura durante unos minutos. *Lo importante era el intento.* El esfuerzo de levantarse de la cama y enfrentarse con una nueva tarea. Le expliqué que esa actividad no podía hacerle ningún daño, y que por el contrario sus músculos recuperarían su tonicidad normal, sólo *si los usaba.* Los músculos que están en desuso durante mucho tiempo suelen doler cuando se activan por primera vez. El dolor es sólo una malhumorada protesta, pero no se debe a que la actividad los haya perjudicado. De hecho, pronto dispondrán de su fuerza normal si se los mantiene activos.

Cuando la llamé unos días más tarde seguía quitando la pintura de los marcos de las ventanas, sentándose a ratos en una silla estratégicamente colocada junto a las ventanas. Una semana más tarde ya se encontraba en la etapa de la primera capa de pintura y pudimos cambiar opiniones sobre el color que tendría la capa final. Acordamos pintar las paredes de gris y la puerta de rojo. La idea de una puerta roja actuó como un imán. Se olvidó de sus «pobres y débiles piernas» y casi corrió hasta el garaje a buscar la pintura. A la semana siguiente hablamos más de la pintura que de su enfermedad. Se curó gracias al interés por hacer algo diferente y recuperó la confianza en su propia fuerza.

No pretendo afirmar que el cansancio de esta mujer era imaginario y que todo lo que tenía que hacer era abandonar la cama y echarse a andar. El agotamiento que produce una crisis nerviosa es real y puede requerir descanso pero sólo una cierta cantidad.

El paciente puede quejarse, y a menudo lo hace, de que está demasiado cansado como para trabajar, y en parte tiene razón, pero sólo en parte. El agotamiento emocional puede haberlo reducido a piel y huesos pero, independientemente de lo débil que se encuentre, siempre es mejor que esté levantado y realizando alguna tarea. El cuerpo se recuperará cuando la mente encuentre paz, y esto sucederá con más frecuencia si la mente está ocupada en algo. Una hora tumbado en la cama sintiendo pánico puede ser más agotadora que cualquier ocupación. Su cuerpo será capaz de obedecer cualquier orden razonable, a pesar del agotamiento que usted siente, siempre que su interés se centre en lo que está haciendo, en vez de estar observando su cuerpo por el miedo de estar «forzándolo».

Un médico norteamericano trabajó tan intensamente en Grecia después de la Primera Guerra Mundial que cuando llegó el día de volver a casa estuvo a punto de sufrir un colapso nervioso, expresando que no podía soportar ni un día más de trabajo. Unas horas más tarde recibió un telegrama mediante el que se le informaba que debía trasladarse al sur de Rusia. Entonces lamentó el tener que regresar a casa sin haber conocido Rusia, y esta perspectiva le pareció tan interesante que comenzó a trabajar con renovado ahínco y se olvidó de su crisis. Normalmente se agota más nuestro espíritu que nuestro cuerpo. Sin embargo, debo destacar que es el médico quien debe diagnosticar si su enfermedad se debe «únicamente a sus nervios».

El paciente se inclina a excederse, especialmente al comienzo. No es difícil que se encuentre en un aprieto intentando descubrir cuánto es capaz de trabajar sin sobrecargarse. Mi consejo es siempre el mismo: no es aconsejable asumir tareas que resulten extenuantes, sin embargo, es mejor ocuparse de algo y correr el riesgo de extralimitarse que no hacer nada por el miedo de excederse. Pero es importante que en el momento en que se sienta demasiado agobiado, no pierda la confianza ni gaste una energía adicional lamentándose y pensando «¿Por qué?» Esto probablemente le sucederá varias veces antes de estar completamente curado. Si acepta el agotamiento con serenidad, descansa un rato y luego vuelve al trabajo, dará dos pasos al frente por cada paso atrás.

■ Ocupación organizada

A cualquier médico le resulta difícil encontrar una ocupación para sus pacientes. ¡Cuánto más fácil sería nuestro trabajo y cuántos menos pacientes necesitarían recurrir a un electrochoque, si existieran lugares organizados por la profesión médica en los que las personas que sufren de los nervios pudieran desarrollar una actividad fuera de casa! Y no me refiero a un hospital en el que los pacientes se juntan con otros pacientes y el ambiente está cargado de conversaciones sobre nervios, tratamientos y complicaciones. Quiero decir lugares como granjas, colegios, etc., que pudieran dar alojamiento y ocupación a algunas de estas personas para que luego fueran capaces de recuperarse y trabajar en su entorno habitual. Lo positivo de los tratamientos hospitalarios para los nervios es principalmente que se aleja a los enfermos del entorno familiar angustiante. Incluso apartarse de la tensión que produce la mirada ansiosa de la familia, supone un alivio.

No pretendo despreciar el trabajo que se realiza en los hospitales, pero considero que un enfermo nervioso que se recupera en un ambiente normal tiene más oportunidades para integrarse y rehabilitarse que un paciente ingresado en un hospital. El primero se rehabilita al mismo tiempo que se cura, y además necesita dar menos explicaciones a los amigos curiosos.

Es de enorme ayuda si esa persona tiene la posibilidad de continuar con su trabajo mientras espera la cura, tal como el ingeniero que describíamos al principio de esta sección. Al existir una ocupación, el paciente no se ve obligado a pasar por la embarazosa situación de tener que volver al trabajo después de una prolongada baja por enfermedad. Y también pierde rápidamente cualquier sensación de extrañeza que le haya producido su crisis nerviosa. Encontrarse dentro de un modelo de actividad normal le ayuda a sentirse más normal. Sin embargo, es posible que le resulte difícil mantener su trabajo por el esfuerzo que le implica atenerse a un horario o a una programación. Los enfermos nerviosos pueden hacer cantidad de cosas en su propio ritmo, pero pueden sentirse incapaces de afrontar una cita o un horario fijo por el esfuerzo que les supone toda anticipación.

Por ejemplo, la madre de dos niños que sufría de una enfermedad nerviosa, había progresado tanto al estar alejada de su familia que muy pronto estaba en condiciones de volver a ratos a su casa para limpiarla y ayudar a preparar la cena. Cuando comenzó el curso escolar, los niños necesitaban que alguien los atendiera por las mañanas cuando su padre se iba a trabajar. Este hombre esperaba obviamente que su mujer cuidara de los niños ya que si se encontraba bien como para estar casi todo el día en casa, ¿por qué no llegar a las ocho de la mañana en vez de aparecer a cualquier hora del día? ¿Cuál era la diferencia? Su mujer pronto se encargó de explicárselo. Ella no podía soportar la idea de un horario fijo; la obligación de atender a los niños a las ocho de la mañana era suficiente para hacerle perder el sueño la noche anterior. No se sentía capaz de soportar la tensión de esperar que las horas pasaran hasta que llegara la mañana trayendo el alivio tan esperado para, en ese momento, verse obligada a salir corriendo hacia su casa.

Intento que la familia tome conciencia de la importancia de ahorrarle esa tensión al paciente durante las semanas de convalecencia. En ocasiones me escuchan con desaprobación, pensando que si la madre hiciera esto a aquello, seguramente se encontraría mucho mejor. Ella se encontraría mejor si hiciera esto o aquello porque le apeteciera, pero no por obligación.

Encontrar una ocupación adecuada es un problema que debe resolver cada paciente. Sólo puedo insistir en la necesidad de hacerlo. Si hiciera falta comprobarlo, no hay más que comparar al paciente que acude a la consulta el viernes con el mismo paciente que viene el lunes después de haber pasado el fin de semana en casa; los enfermos en general llegan desmejorados y muchos de ellos diciendo: «¡Los domingos pueden conmigo!»

Existe un tipo especial de tratamiento por aislamiento en el que el enfermo nervioso es ingresado en un hospital y se lo aísla de los demás pacientes. Esto puede ser efectivo en algunos casos, pero supone un gran riesgo. Es demasiado esfuerzo para una mente cansada quedar a merced de sus propios recursos durante horas o días. Lo repito una y otra vez: es necesario buscar una ocupación. QUE UNA OCUPACIÓN SEA SU MULETA.

No malinterprete mis palabras y comience a buscar desesperadamente una actividad por el terror que le produce tener tiempo libre. La moderación siempre es necesaria, incluso en este caso. La actividad debe alternarse con el descanso, pero es mejor pecar por un exceso de actividad que por un excesivo descanso.

Tan importante como encontrar una ocupación es estar en compañía de otras personas. Hace algunos años un hombre describió una experiencia reveladora que le había sucedido durante su recuperación. Estaba pasando unos días en el campo en casa de unos amigos y pasaba la mayor parte del día en soledad. Uno de sus amigos inesperadamente tuvo que pasar quince días en su casa, y durante este tiempo este hombre gozó de su compañía. Después de esos quince días el enfermo había mejorado notablemente, pero se desesperó al pensar que unos pocos días más en compañía de su amigo hubieran sido suficientes para que su mente cansada se recuperara y le hubieran permitido controlar sus pensamientos. Y, tal como pensaba, tuvo que pasar por la experiencia de sufrir una recaída aceptando la situación con tolerancia y dejando que pasara más tiempo.

Este enfermo debería haber buscado una actividad en compañía de otras personas en vez de pasar una temporada en el campo. La tranquilidad a menudo no es aconsejable para los enfermos nerviosos. A muchos de ellos les resulta más sencillo recuperarse de una crisis sumergidos en las distracciones ruidosas de una ciudad que en la serena soledad del campo.

De modo que:

- Busque una ocupación a modo de apoyo.
- Acepte todas las trampas que sus nervios le tienden mientras intenta olvidarse de sí mismo mediante alguna actividad.
- Relájese y acepte la transitoria lentitud de sus pensamientos adaptándose al ritmo que le propone su agotado cerebro; el tiempo y la paz mental le devolverán la salud.
- Si usted es un ama de casa, no permanezca sola durante el día; busque algo que le interese fuera de casa.
- Busque alguna actividad para realizar en compañía de otras personas.
- Recuerde que una hora sintiendo pánico en la cama será más agotadora que distraerse con alguna ocupación que no suponga esfuerzo; por lo tanto, abandone la cama.

Permanecer en la cama durante el día. «Sus libros son de gran ayuda, aunque no puedo estar de acuerdo con usted cuando afirma: «¡Manténgase alejado de la cama durante el día!» Me canso demasiado simplemente intentando seguir adelante mientras cada uno de mis nervios pide a gritos el descanso. Justamente ahora acaba de sonar el teléfono y me he sobresaltado tanto que creí morir. Toda mi vida he sufrido de los nervios, y algunos de sus consejos me han servido, excepto el de alejarme de la cama durante el día. Creía que podría sobrellevarlo mucho mejor. Estaba a punto de comentarle a mi médico cuánto me habían ayudado los consejos que leo en sus libros. Le agradecería que me escribiera para explicarme qué es lo que quiere decir con eso de abandonar la cama durante el día, seguramente me ayudaría mucho.»

Esta mujer tiene setenta años y hace poco tiempo ha sufrido un accidente. Sus heridas se infectaron y tuvo que permanecer en el hospital durante semanas; más tarde se vio obligada a volver para continuar con el tratamiento. Es obvio que debía permanecer en la cama durante el día. Este ejemplo nos demuestra que el médico debe ser muy explícito cuando habla o cuando escribe. Yo pensaba que lo había sido, pero me había olvidado de tener en cuenta a las personas que han sufrido un accidente.

Otras personas también se han sorprendido por mi afirmación de no permanecer en la cama durante el día. Yo me refería a los enfermos depresivos que buscan un refugio en la cama y se pasan todo el día pensando en su enfermedad, convencidos de no tener la fuerza necesaria para levantarse y hacer algo. También pensaba en los enfermos nerviosos que, tumbados en la cama, se limitan a preocuparse por sus problemas y, cuando se levantan, se sienten peor que antes. Una almohada es un nido muy estimulante para una cabeza llena de preocupaciones.

Evidentemente quienes sepan que se beneficiarán con un pequeño descanso diurno (como la mujer de nuestro ejemplo) deben entregarse a él sin cuestionamientos.

CORAJE

El coraje tiene la extraordinaria cualidad de que estará a nuestra disposición *si se lo desea de verdad.* Si usted lo desea con todas sus fuerzas, tendrá coraje. Si fracasa, analícese y descubrirá que se ha equivocado; usted sólo pensaba que quería ser valiente, pero no sentía la necesidad de serlo. Para ser consciente de una verdadera necesidad, debe sentirla en la boca de su estómago hasta tal punto que casi pueda tocarlo. En otras palabras, este deseo debe ser completamente consciente y no debe ser ambivalente.

Debe cultivar este sentimiento hasta que sea parte de usted mismo. No hay nada ilusorio ni difícil en esto, es semejante al truco de flotar. Túmbese y cierre los ojos pensando en algo que anhela profundamente. Es allí donde siente este anhelo donde también sentirá el coraje y la confianza: siempre en la boca del estómago. Muéstrese satisfecho, y aunque al principio sólo sienta el anhelo de ese coraje, con la práctica se convertirá en verdadero coraje. Pero, en primer lugar, asegúrese de *sentir el anhelo* en su estómago, *no debe simplemente pensar en él.*

Es lamentable que nuestro aprendizaje no nos ayude a disponer de tales sentimientos positivos con más facilidad. Cuando somos jóvenes nos enseñan a hacer, pensar y sentir hasta que reaccionamos con el modelo con que nos han educado. Pero rara vez descubrimos nuestras posibilidades reales y nuestro verdadero sentir, y generalmente vamos de la cuna a la tumba sin conocer lo que pensamos, creemos o sentimos realmente.

No se conforme con el mero deseo de ser valiente y perseverante. Concéntrese en él hasta conseguir consolidarlo. Si se toma el tiempo de hacerlo, habrá allanado el camino hacia la recuperación.

Este sentimiento de coraje y confianza curiosamente no se encuentra en nuestro cerebro, sino en la parte central de nuestro cuerpo. Es un buen lugar para sentirlo, porque confiere fuerza a nuestra espina dorsal.

Un médico goza de una oportunidad única para ver ejemplos de gran coraje. Después de años de práctica, los médicos llegan a respetar y amar a sus pacientes que ciertamente cometen errores pero cuyo coraje permite olvidar fácilmente esas equivocaciones. Una antigua paciente mía, una mujer de 82 años, sufría una de las enfermedades más extenuantes. Cierta noche, después de un día particularmente penoso, me dirigí a su habitación esperando encontrarla en un estado de desesperación y, sin embargo, la encontré escuchando la radio y leyendo un libro de cuentos.

Sorprendida, le comenté: «No esperaba encontrarla leyendo alegremente.»

Me miró burlonamente, y respondió: «¿Qué sentido tiene llorar en la oscuridad?» Este libro está dedicado a su memoria.

Para tener ese coraje *es preciso desearlo.* Cuando finalmente se disponga de él, el coraje se interpondrá entre usted y cualquier futura adversidad, entre usted y el fracaso. Encuéntrelo, y si lo pierde, búsquelo otra vez. Entonces ya no habrá más llanto en la oscuridad.

RELIGIÓN

Las personas religiosas tienen fe en que Dios los ayudará. Pero aquellos que no lo son no se benefician al decirles que confíen en Dios. Si fueran creyentes, probablemente se recuperarían, pero incluso los que gozan de esa fe deben pasar por el camino real de la recuperación. Las personas creyentes piensan que Dios los está probando o el diablo los está tentando, y ellos lucharán con todas sus fuerzas para justificarse delante de Dios y controlar al diablo, consumiéndose en el esfuerzo.

Quienes soportan con paciencia su sufrimiento (dejando que pase el tiempo) y con resignación (aceptación) y creen que Dios los curará, han encontrado la forma de superar la enfermedad, aunque muchos se pierden en el camino y se olviden de cómo aplicar su fe.

Algunos enfermos nerviosos que son creyentes se quejan de no ser capaces de contactar con su religión, como la madre que no podía relacionarse con sus hijos. Se trata de una preocupación adicional, especialmente cuando no encuentran consuelo en la oración. Sin embargo, se sienten muy aliviados al comprender que todo se debe a un agotamiento emocional.

De manera que tener fe en Dios y dejar que Él se ocupe de la curación sólo se aplica a quienes tienen fe y saben cómo utilizarla. Ellos gozan de una bendición; a los demás se les debe mostrar el camino.

Capítulo 32

Lo que se debe y lo que no se debe hacer

—— ♦ ——

1. No huya del miedo. Analícelo y considérelo una sensación física. No se deje intimidar por dicha sensación.
2. Acepte todas las extrañas sensaciones asociadas a su crisis nerviosa. No luche contra ellas. Flote por encima de ellas y reconozca que son temporales.
3. No se entregue a la autocompasión.
4. Resuelva su problema tan pronto como pueda, si no lo logra mediante la acción, hágalo aceptando un nuevo punto de vista.
5. No desperdicie su tiempo pensando en «Lo que podría haber sucedido» y «Si hubiera...».
6. Afronte la tristeza y convénzase de que el paso del tiempo le ayudará.
7. Manténgase ocupado en vez de permanecer en la cama pensando en sus problemas. Encuentre una actividad tranquila y no intente febrilmente olvidarse de sí mismo.
8. Recuerde que la fuerza de un músculo puede depender de la confianza con que se lo utilice.
9. Acepte sus obsesiones y prepárese para vivir con ellas provisoriamente. No luche contra ellas tra-

tando de alejarlas. El tiempo se encargará de hacerlo.

10. Recuerde que su recuperación no depende necesariamente «completamente de usted», como mucha gente afirma. Es posible que usted necesite ayuda y en ese caso acéptela de buen grado sin avergonzarse.
11. No se desmoralice si no es capaz de tomar decisiones mientras está enfermo. Cuando se recupere logrará hacerlo sin dificultad.
12. No mida su progreso día a día. No cuente los meses o años que ha estado enfermo ni se desespere al pensar en ello. Una vez que esté en camino de recuperarse, la recuperación es inevitable, INDEPENDIENTEMENTE DE CUÁN PROLONGADA HAYA SIDO SU ENFERMEDAD.
13. Nunca acepte la derrota. Recuerde que nunca es demasiado tarde para darse a sí mismo otra oportunidad.
14. Afronte. ACEPTE. FLOTE. DEJE QUE PASE EL TIEMPO. SI LO CONSIGUE, SUPERARÁ SU ENFERMEDAD.

Capítulo 33

Para aquellos que temen el retorno de una enfermedad nerviosa

SI USTED HA SUFRIDO una crisis nerviosa, probablemente sienta temor ante el mero hecho de pensar que puede volverle a suceder. La mayoría de las personas expresan: «Espero no volver a pasar por eso.» Unos pocos sienten la confianza de decir: «Nunca volveré a pasar por eso.» Deseo que usted sea capaz de decir y de convencerse de que nunca volverá a sufrir una crisis nerviosa.

Si teme un posible colapso nervioso, probablemente evite pensar en ello y se contente con enterrar ese pensamiento en el fondo de su mente y esperando que suceda lo mejor. *Esto no es suficiente ni positivo.* De este modo se encuentra usted subconscientemente tenso y, por lo tanto, vulnerable. Si se le pregunta a qué tiene miedo, probablemente vacilará y luego enumerará ciertos temores relacionados con su desdicha. Quiero que sea capaz de mirar firmemente el futuro y descubrir que *su único enemigo es el miedo.* Usted es vulnerable solamente a causa del miedo; sin él no sería posible una futura crisis nerviosa. ES ASÍ DE SIMPLE. Una crisis nerviosa es la expresión de un miedo sostenido. *Sus síntomas no son más que la expresión física exagerada del miedo.*

Por lo tanto, debe usted convencerse de que *sólo el miedo puede desarmarlo.* Usted no está obligado a luchar contra el pensamiento de sufrir otra crisis nerviosa con el fin de impedirla. No es necesario que entierre esa idea en el fondo de su mente. No está obligado a considerarla con la consecuencia de sentirse más agotado y ser más vulnerable a la crisis. Para liberarse de una posible crisis futura, sólo debe desenmascarar el miedo, descubrirlo, analizarlo, comprenderlo y reconocer el importante papel que ha desempeñado en su última crisis. Comprenda que *una vez que se libere del miedo sus nervios productores de adrenalina carecerán del estímulo necesario para excitar sus órganos y producir las sensaciones físicas que acompañan a una crisis nerviosa.* Si permanece sereno, no volverá a enfermar.

Los científicos han inventado medicinas para calmar la acción de los nervios liberadores de adrenalina con la esperanza de evitar las temidas crisis. Pero usted puede crear su propia tranquilidad, su propia invulnerabilidad, si no se avergüenza de pensar en una futura crisis y por el contrario la afronta directamente y resuelve lo que debe hacer para impedirla.

Usted puede hacer muchas cosas al respecto. En principio, analizar su crisis anterior para encontrar su causa. Es posible que no le resulte fácil hacerlo, porque quizá deba buscar muy profundamente dentro de usted. No me cabe duda que descubrirá que la causa real ha sido el miedo. A partir de esto, revise nuevamente su crisis a la luz de este descubrimiento y piense de qué forma podría haber solucionado sus problemas de no haber sucumbido al miedo. Seguramente había una solución, ¿verdad? Mientras analiza la crisis, quizá por primera vez afronte sinceramente lo que le ha sucedido y sienta un gran alivio.

Ahora piense en el futuro y pregúntese qué haría si estuviera amenazado por una situación similar. ¿Dejaría que el miedo desempeñara un papel tan fundamental como sucedió anteriormente? Lo dudo. Especialmente porque usted ahora sabe que *si no teme será invulnerable.*

Para asegurarse de que se está liberando de la esclavitud del miedo practique una y otra vez cómo desenmascararlo, cómo «desacreditarlo». La próxima vez que lo asalte el miedo, en vez de avergonzarse, intentar olvidarlo o controlarlo e impedir su irrupción, tal como ha hecho en el pasado, quiero que lo analice e incluso que intente describirlo, descubriendo las diversas sensaciones que lo componen.

Cuando lo haga, aprenderá que la ola de miedo golpea más fuerte la primera vez, pero si usted se mantiene firme y se relaja, *el miedo se apacigua y desaparece.* Cuando haya aprendido a afrontar el miedo de esta forma y lo considere una simple sensación física, *comenzará a perder su miedo del miedo.* Se mantendrá fuera del círculo vicioso. De vez en cuando puede sentirse atemorizado, pero habrá aprendido a no darle importancia. Finalmente, le parecerá algo tan nimio que ni siquiera lo advertirá.

Una inquietud: ¿pueden retornar los síntomas? Un hombre me escribió preguntándome: «¿Seguiré temiendo que esos inquietantes síntomas reincidan a pesar de que estoy casi curado?»

Esa inquietud permanecerá viva mientras la idea de que los síntomas puedan volver a aparecer cause aprehensión. Cuando un paciente se siente muy cerca de su sufrimiento pasado, su recuerdo puede evocar dichas experiencias muy vívidamente. No cabe duda que el recuerdo despierta aprehensión.

El hombre que escribe afirma que está casi curado. Si esto es cierto, seguramente ha aprendido a aceptar y, por lo tanto, calmar algunos de sus síntomas nerviosos. Y es capaz de hacerlo cada vez que sea necesario. Debería alentarse con este pensamiento en vez de mantenerse en guardia intentando evitar una recaída; debería afrontar su inquietud y estar preparado para que los síntomas retornen con toda su intensidad si es preciso que así sea. Si lo hace, desaparecerá gradualmente su temor. La recaída será más breve si tiene la oportunidad, no una sino varias veces (e incluso más), de sobrellevar el retorno de sus síntomas. No preocuparse por ellos es la clave para gozar de una paz futura no perturbada por miedo alguno.

He dicho «no más inquietud». Sin embargo, lo cierto es que incluso cuando el enfermo ya no se preocupa por el retorno de sus síntomas, esa inquietud se puede haber transformado en hábito y puede persistir durante algún tiempo. Una vez más, aceptar y dejar que el tiempo pase son sus mejores aliados.

DEJE QUE PASE EL PRIMER IMPACTO

Ahora vamos a explicar que al vencer la sensación física del miedo se puede evitar una futura crisis. Si ha sido capaz de aceptar el miedo como la principal causa de su crisis anterior (no tendrá ninguna duda si usted es sincero), seguramente comprenderá que el miedo había interferido su capacidad para pensar racionalmente. ¿Se da cuenta ahora que, liberado del miedo, su capacidad para pensar y actuar será mucho más eficiente? Ahora será capaz de *dejar que pase el primer impacto* y luego intentará resolver el problema.

En la primera parte de este libro aconsejé flotar por encima del miedo. Es otra forma de expresar el consejo que acabo de ofrecer en este capítulo. Al decir «flotar», pretendo dar a entender que deje usted que la ola de miedo rompa y lo envuelva mientras usted hace caso omiso de ella. Al lograrlo, conservará su capacidad para pensar sosegadamente y ninguna calamidad logrará abrumarlo. No hay cabida para una futura crisis.

No quiero decir que siempre que sienta que se aproxima una ola de miedo deba ir a su encuentro y analizarla. Cuando pierda su miedo del miedo, estas irrupciones serán menos significativas y usted perderá el interés por ellas. Si sufre algún ataque de miedo más intenso de lo normal, deberá aceptarlo y no prestarle demasiada atención.

Si practica lo que le aconsejo, gradualmente comprenderá la causa de sus síntomas y se sentirá nuevamente seguro para afrontar el futuro con serenidad. Nunca olvide que *al liberarse del miedo será invulnerable,* INDEPENDIENTEMENTE DE HABER SUFRIDO FRECUENTES CRISIS NERVIOSAS EN EL PASADO.

Capítulo 34

Consejos para la familia

◆

LA FAMILIA de un enfermo nervioso a menudo lo acusa de ser egoísta. Muchas madres se quejan: «Si estuviera segura de que mi hija está enferma, y que no es simplemente una egoísta, podría ser tolerante con ella. Pero está completamente pendiente de sí misma, y no parece importarle que debido a su actitud estoy agotada y que ha llevado a toda la familia al borde de una crisis nerviosa.»

Es posible que sienta usted algo parecido en relación con un miembro de su familia. Si ha encontrado tiempo para leer este libro habrá comprendido la situación y conseguirá perdonar ese aparente egoísmo.

Un autor o un compositor ensimismado en su creación difícilmente será consciente de lo que sucede a su alrededor y es posible que sienta la paz que le ofrecen un par de manos sin advertir cuánta soledad y aburrimiento puede sentir la dueña de esas manos. Un perfecto egoísta, pero simplemente debido a que su actividad requiere ese ensimismamiento.

Un enfermo nervioso es un tipo similar de egoísmo. Al comienzo, su crisis estuvo probablemente motivada por algún problema, y su continuo análisis lo ha agotado despertando unas sensaciones corporales tan alarmantes que, en comparación, los problemas de otras personas parecen no existir. Si tomara consciencia de lo preocupada que se encuentra su familia, la tensión añadida sería insoportable. Por lo tanto, como una medida de autodefensa, se aparta de dicha realidad hasta el punto de parecer egoísta y cruel. Además, sus necesidades requieren siempre una satisfacción inmediata y en su empeño por conseguirlo es capaz de ignorar despiadadamente las necesidades de los demás.

Si considera a este familiar como una persona enferma que, cuando se recupere, no será más egoísta que el resto de nosotros, logrará tolerarlo y ayudarlo. Evidentemente, si esta persona ha sido siempre egoísta y su estado actual lo ha acentuado, resultará más difícil ser tolerante. Incluso en este caso, es posible sentir compasión por alguien que sufre y no dude en ayudarlo.

COMPASIÓN

A menudo se advierte a la familia que no compadezca al enfermo y, lamentablemente, se puede tomar el consejo demasiado literalmente y mostrarse duro con el paciente. No tema mostrarse compasivo y poner de manifiesto que está intentando comprenderlo. Esta actitud siempre reconforta y alienta a un espíritu sufriente liberándolo de tensión. Sin embargo, no promueva la autocompasión. Sea compasivo, pero señalando al mismo tiempo al enfermo que magnifica sus problemas y que cuando se encuentre mejor no le parecerán tan insuperables. En especial, ayúdele a encontrar cuanto antes una solución ahorrándole el sufrimiento que le producen sus cavilaciones, ya que son esas interminables preocupaciones las que lo están agotando.

Si los problemas no tienen solución, ayúdelo al menos a encontrar un punto de vista menos angustioso y a convivir con ellos. Quizá ambos deban discutir varias veces nuevos enfoques hasta que él sea capaz de comprometerse con alguna alternativa. Intente no perder la paciencia, independientemente de cuán a menudo insista él en una nueva conversación.

OCUPACIÓN

Asegúrese de que el paciente se mantiene activo. Esto no significa que le ordene volver al trabajo cada vez que lo vea ocioso, lo que quiero decir es que programe una serie de tareas para él. Es probable que al principio las realice a ratos porque sus energías pueden ser limitadas, pero esto es irrelevante, lo fundamental es haber programado las tareas para que no esté continuamente ocioso. Una hora libre puede suponer una eternidad.

Si se trata de una ama de casa, bajo ningún concepto se la debe dejar sola todo el día. La ayuda y compasión que se le ofrezca durante la noche no lograran compensar un día entero a solas en la casa sin más compañía que sus propios pensamientos. Debo insistir en la importancia que tiene, especialmente para una ama de casa, compartir una actividad con otras personas; no se debería aplazar esta decisión.

Muchas familias se muestran inclinadas a pagar los gastos derivados de la enfermedad pero fracasan al buscarle una ocupación. Esto resulta frustrante porque el médico sólo puede acompañar al paciente hasta un cierto punto de recuperación, en el que es esencial encontrar una actividad. Explico esto a todas las familias, y en cada consulta la mayoría de ellas ofrece alguna excusa por no haber realizado lo que se les aconsejó. Espero que los familiares de estos pacientes realicen un esfuerzo para encontrarle una actividad satisfactoria.

Cuando se está buscando desesperadamente un santuario adecuado para el enfermo, es una tentación pensar en la tía Maud que vive a 450 kilómetros en una pequeña y deliciosa cabaña situada en una colina frente al río que conduce, después de un paseo de media hora, a otra encantadora cabaña al otro lado de la colina. Es una gran tentación pensar que la paz y el silencio, el aire puro y la nata fresca le sentarán muy bien a Mary. Desgraciadamente puede que le sienten bien, pero no en el sentido que la familia desearía. Mary puede necesitar compañía, cambio, distracción y diversiones constantes en vez del sonido solitario del búho, independientemente de lo puro que sea el aire del lugar. Sentarse durante una hora tomando un helado en una bulliciosa cafetería mientras se mira el ir y venir de la gente, será mucho más beneficioso para un enfermo nervioso que el aire puro y el silencio de las montañas. Las personas que están deprimidas dependen en gran medida de su entorno. Ellos no tienen una fuente interior de gozo y son como una veleta que gira hacia una y otra dirección cuando cambia el viento. En un ambiente solitario y triste el ánimo puede ensombrecerse hasta la desesperación; esto sólo lo comprenden quienes han pasado por esa situación. Por lo tanto, si su familiar enfermo se ha marchado al campo pero escribe implorando volver a casa después de una corta estancia, vaya a buscarlo sin la menor queja.

HACER UNA MONTAÑA DE UN GRANO DE ARENA

Si el enfermo tiene algún problema que usted puede resolver, a pesar de que le parezca trivial, soluciónelo. Por ejemplo, cierta enferma nerviosa tenía dos perros que le preocupaban. Su marido le había prometido llevarlos a una residencia canina durante su ausencia, pero cuando llegó el momento de hacerlo no fue capaz de gastar tanto dinero que además se necesitaba para otras cosas. Entonces, pensando que actuaba inteligentemente, no mantuvo su promesa. La mujer, que estaba realizando grandes progresos, tan pronto se enteró de que los perros estaban aún en su casa, se preocupó tanto que las tres semanas de psicoterapia llegaron a peligrar. Traté de explicar al marido que de todo el dinero que estaba gastando en ese momento, la mejor inversión era que alguien cuidara de los perros, aunque a él le pareciera un gasto absurdo.

He explicado este incidente porque es posible que en algún momento tenga que enfrentarse con un problema similar y se pregunte por qué tiene que «entregarse» a su pariente enfermo. No lo considere de este modo, sino como un acto destinado a ahorrarle sufrimiento mental y emocional en un momento en que sus emociones son tan exageradas y él se encuentra tan vulnerable. Lo que para usted es un grano de arena puede ser una montaña para el enfermo. Sin embargo, no pretendo decir que usted apacigüe en todo momento al paciente; si utiliza su sentido común combinado con una amable firmeza, comprensión y compasión, cometerá pocos errores.

«¡LUCHA!» «¡RECUPERA EL ÁNIMO!»

Nunca sugiera a su familiar enfermo que «luche». Pídale que no luche, que acepte lo que le sucede; que practique la inactividad magistral y se eleve por encima de los problemas que no tienen solución; que flote a través del miedo que le producen sus sensaciones físicas. Él debe flotar y no luchar. Ése es el camino.

Cuando se le ocurra aconsejarle que recupere el ánimo, recuerde que está hablando con un enfermo cuya personalidad está afectada por una crisis nerviosa y que lo que le pide significaría literalmente que se curara. En realidad usted le está diciendo: «Por el amor de Dios, cúrate de una vez.» No conozco un consejo más deprimente para un enfermo nervioso que indicarle que recupere el ánimo, porque en medio de su crisis está intentando atravesar su desconcierto para hacer justamente eso. De modo que si utiliza esta frase, al menos advierta lo que le está pidiendo y prepárese para mostrarle cómo hacerlo, ya que él lo ignora. ¿Y usted?

No piense que por el mero hecho de decir «Déjate de tonterías y vuelve al trabajo» le ha mostrado el camino. Intente comprender que su mayor problema es precisamente detener «todas esas tonterías». Muchas de ellas se han convertido en un reflejo condicionado, y ¿quién ha conseguido eliminar una acción de este tipo rápidamente?

Es cierto que algunas veces volver al trabajo es suficiente para que el enfermo supere su crisis nerviosa, ya que le ayuda a alejarse temporalmente de sus problemas y su mente se refresca permitiéndole afrontarlos con unas reacciones emocionales más moderadas. Además, el ambiente normal de su trabajo diario pone de relieve la irrealidad de su crisis y le ofrece una normalidad a la que se puede asir.

Sin embargo, llevar los problemas y los miedos al trabajo a menudo no hace más que provocar una recaída, a la que se añade tener que sufrir la indigna situación de abandonar el trabajo y volver a casa enfermo. Según la opinión del enfermo: «He hecho el ridículo». Es mucho más positivo para el paciente volver a trabajar cuando tiene un programa de recuperación planificado tal como se indica en este libro. Con un programa que lo guíe correrá muy poco riesgo de fracasar. Por eso no me canso de repetir que cuando le pida «Déjate de tonterías y vuelve al trabajo», asegúrese de que puede indicarle cómo hacerlo. Espero que su compasión y su interés sean suficientes como para impulsarlo a leer este libro detenidamente y aprender cómo ayudarlo.

Capítulo 35

¿Qué clase de personas sufren enfermedades nerviosas?

CUALQUIERA ES CAPAZ de sufrir una crisis nerviosa aunque algunos se quiebran (es decir, caen víctimas del miedo) más rápidamente que otros. Cualquiera que sufra una excesiva tensión, una gran pena o un conflicto puede sucumbir al agotamiento y, si comete el error de asustarse e intentar luchar contra su miedo o las manifestaciones de sus nervios excitados, pronto se verá atrapado en el ciclo de miedo-lucha-miedo que conduce a un colapso nervioso.

El aprendizaje temprano de una persona puede ayudar o entorpecer su evolución. Un niño que, al atardecer, espera tenso y asustado que vuelva su padre borracho no gozará de un sistema nervioso sereno como el niño criado en una familia feliz cuya madre cuida de que vaya a la cama temprano y que tenga un buen dormir. Del mismo modo, el niño que se mantiene en el *qui vive* por un padre excitado desarrollará reacciones nerviosas exageradas cuando surja la ocasión. Esto no le sucederá a un niño educado con serenidad. La excitación histérica no es buena para los niños. Deben disfrutar placenteramente de los momentos alegres, pero sin una exagerada excitación. La palabra sosegada de una madre puede ser muy importante. Por ejemplo, en vez de decirle al niño: «Sólo quedan dos semanas para las Pascuas, ¿no es excitante?», resultará más juicioso y relajante decir: «Todavía quedan dos semanas antes de que lleguen los Reyes Magos, de modo que tienes mucho tiempo por delante para disfrutar con otras cosas.»

MODERACIÓN

En la escuela nos enseñan historia, matemáticas, etcétera, pero no cómo practicar la moderación y la autodisciplina. De eso deben encargarse nuestros padres, aunque la mayoría no comprende ni siquiera el significado de esas palabras. La moderación y la autodisciplina constituyen la parte esencial de nuestro mecanismo de defensa. Una persona madura puede ser moderada en todos los sentidos, puede liberarse por sí misma de los imperativos emocionales y actuar en consecuencia. Es difícil actuar sin dejarse influenciar por los sentimientos. Si cualquiera de nosotros tiene que apartar una reacción emocional displacentera para pensar de una manera razonable, nos encontraremos con la dificultad de atravesar esa barrera emocional. Con frecuencia, los sentimientos displacenteros nos producen temor. Sospechamos que serán aún más desagradables si nos ocupamos de ellos e intentamos eliminarlos antes de que se consoliden.

Un sentimiento displacentero es particularmente rechazable si hemos crecido otorgándole excesiva importancia a los sentimientos, quizá debido a que un padre y una madre indulgentes han sustituido rápidamente lo que no nos gustaba por lo que nos gustaba. Si ha sido así, normalmente deseamos liberarnos prontamente del displacer y rara vez esperamos que nuestras emociones se calmen antes de actuar.

Si su educación ha incluido el aprendizaje de soportar el displacer y dejar *que pase el primer impacto* hasta poder pensar con más calma, incluso la situación aparentemente más difícil de tolerar será manejable. Se eliminarían muchas crisis nerviosas si, como he destacado en este libro, el agotamiento emocional y mental no prolongaran la enfermedad debido a las emociones penosas y a los miedos. Los chinos tienen un proverbio que lo expresa: «Un problema es un túnel a través del cual tenemos que pasar y no un muro de ladrillos contra el que tenemos que rompernos la cabeza.»

Una cierta cantidad de sufrimiento es positivo, particularmente cuando somos jóvenes. No deberían sobreprotegernos. La experiencia que se adquiere con el sufrimiento actual puede ser su apoyo en los años venideros.

ÚLTIMOS TÍTULOS PUBLICADOS

44 **EL RIÑÓN,** *por H. Clements.*
45 **AUMENTE SU ESTATURA,** *por R. Madowy.*
46 **LA NARANJA,** *por J. Artigas.*
47 **LA OSTEOPOROSIS,** *por C. Dover*
48 **LA LECITINA,** *por P. Simons.*
49 **PIERDA PESO Y GANE SALUD,** *por Science of Life Books.*
50 **BELLEZA NATURAL,** *por C. Hunter.*
51 **REUMATISMO Y ARTRITIS,** *por Science of Life Books.*
52 **VITAMINAS, MINERALES Y SUPLEMENTOS DIETÉTICOS,** *por H. Walji.*
53 **EL ACEITE DE OLIVA,** *por J.L. López Larramendi.*
54 **EL PODER CURATIVO DEL POLEN,** *por M. Hanssen.*
55 **CURA TU ACNÉ,** *por G. H. Hoehn.*
56 **SHIATSU,** *por T. Namikoshi.*
57 **RECETAS SIN SAL,** *por N. Lloyd.*
58 **NUEVOS TRATAMIENTOS CON PLANTAS DE LOS TRASTORNOS DIGESTIVOS,** *por F. Roberts.*
59 **DIETAS PARA COMBATIR LA PSORIASIS,** *por F. Clements.*
60 **ÁLOE VERA,** *por D. Gage.*
61 **TERAPIA COMPLETA CON ZUMOS DE FRUTAS Y VERDURAS,** *por S.E. Chamine.*

ÚLTIMOS TÍTULOS PUBLICADOS

44 **EL RIÑÓN,** *por H. Clements.*
45 **AUMENTE SU ESTATURA,** *por R. Madowy.*
46 **LA NARANJA,** *por J. Artigas.*
47 **LA OSTEOPOROSIS,** *por C. Dover*
48 **LA LECITINA,** *por P. Simons.*
49 **PIERDA PESO Y GANE SALUD,** *por Science of Life Books.*
50 **BELLEZA NATURAL,** *por C. Hunter.*
51 **REUMATISMO Y ARTRITIS,** *por Science of Life Books.*
52 **VITAMINAS, MINERALES Y SUPLEMENTOS DIETÉTICOS,** *por H. Walji.*
53 **EL ACEITE DE OLIVA,** *por J.L. López Larramendi.*
54 **EL PODER CURATIVO DEL POLEN,** *por M. Hanssen.*
55 **CURA TU ACNÉ,** *por G. H. Hoehn.*
56 **SHIATSU,** *por T. Namikoshi.*
57 **RECETAS SIN SAL,** *por N. Lloyd.*
58 **NUEVOS TRATAMIENTOS CON PLANTAS DE LOS TRASTORNOS DIGESTIVOS,** *por F. Roberts.*
59 **DIETAS PARA COMBATIR LA PSORIASIS,** *por F. Clements.*
60 **ÁLOE VERA,** *por D. Gage.*
61 **TERAPIA COMPLETA CON ZUMOS DE FRUTAS Y VERDURAS,** *por S.E. Chamine.*